Anonymous

Societas entomologica

Internationale, entomologische Fachzeitschrift

Anonymous

Societas entomologica
Internationale, entomologische Fachzeitschrift

ISBN/EAN: 9783744655606

Hergestellt in Europa, USA, Kanada, Australien, Japan

Cover: Foto ©ninafisch / pixelio.de

Weitere Bücher finden Sie auf **www.hansebooks.com**

Societas entomologica.

Internationale entomologische Fachzeitschrift.

Redigiert von **M. Rühl** in **Zürich VII.**

Sechsunddreissigster Jahrgang

1. Januar 1921 bis 31. Dezember 1921

Stuttgart

Verlag des Seitz'schen Werkes (Alfred Kernen)

1921.

Inhalts-Verzeichnis.

2. Jan. 1921.   No. 1.   36. Jahrgang.

Societas entomologica.

Gegründet 1886 von *Fritz Rühl*, fortgeführt von seinen Erben unter Mitwirkung bedeutender Entomologen und hervorragender Fachleute.

Toute la correspondance scientifique et les contributions originales sont à envoyer aux Héritiers de Mr. Fritz Rühl à Zurich VII. Pour toutes les autres communications, payements etc. s'adresser à Verlag des Seitz'-schen Werkes (Alfred Kernen), Stuttgart, Poststr. 7.	Alle wissenschaftlichen Mitteilungen und Originalbeiträge sind an Herrn Fritz Rühl's Erben in Zürich VII zu richten, geschäftliche Mitteilungen, Zahlungen etc. dagegen direkt an den Verlag des Seitz'-schen Werkes (AlfredKernen), Stuttgart, Poststr. 7.	Any scientific correspondence and original contributions to be addressed to Mr. Fritz Rühl's Heirs in Zürich VII. All other communications, payments etc. to be sent to Verlag des Seitz'schen Werkes (Alfred Kernen), Stuttgart, Poststr. 7.

Die Societas entomologica erscheint monatlich gemeinsam mit dem Anzeigenblatt Insektenbörse. Bezugspreis laut Ankündigung in letzterer. Mitarbeiter erhalten 25 Separata ihrer Beiträge unberechnet.

57. 88 Zygaenidae (4)

Die Zygaenidenarmut der adriatischen Inseln.

Von *H. Stauder*, Wels, O.-Oe.

Wenn auch die Durchforschung der adriatischen Inseln in lepidopterologischer Beziehung durchaus noch nicht als abgeschlossen betrachtet zu werden verdient, so steht doch außer Frage, daß von denselben die wichtigsten Makrolepidopteren bereits bekannt und wohl nur mehr wenige neue Funde an solchen zu gewärtigen sind.

Vor allem seien alle größeren und kleineren Inseln der Adria aufgezählt, in der geographischen Reihenfolge Nord-Süd:

Im Golfe von Triest die Laguneninseln, deren wichtigste Grado; vor Pola die Brionischen Inseln; die Quarnero-Inseln Veglia, Cherso, Lussin, Unie, Sansego, Asinello, Pago, Premuda, Melada; dann die Norddalmatien vorgelagerten Inseln und Scoglien, darunter Lunga (Grossa), Incoronata, Zuri und Zla-rin; in Mitteldalmatien Bua, Solta, Brazza, Lesina, alle nahe der Festlandsküste; westlich davon weiter ins Meer vorgeschoben Lissa und die Eilande Busi, San Andrea; dann südlich Curzola, Meleda, westlich vor dieser Lagosta, Ragusa vorgelagert Lacroma; in der Nähe der italienischen Küste die Tremiti-Inseln, Pianosa und Pelagosa, kleine Eilande; in der schmalen Otrantostraße noch die Valona vorgelagerte kleine Insel Sasseno.

Dem gewiegten Wiener Lepidopterologen Dr. E. Galvagni verdanken wir die Erforschung der Inseln: Grado, Lissa, welche ich er als Stützpunkt für seine Fahrten nach den westlichen Eilanden Meli-sello, S. Andrea, Kamik und Busi benutzte; Lussin, Arbe, Sansego, Scoglio Oruda, Palazzuoli, Oriule grande, Asinello, San Pietro dei Nembi, Tasorka, Kozjak, die Sandinseln Sansego und Canidole pic-cola, alle diese um Lussin gelagert; dann Curzola, Pelagosa, Lesina, Meleda und Lagosta und einige kleinere Eilande (Scoglien) Süddalmatiens. Die Spa-lato vorgelagerten Inseln Brazza, Solta und Bua be-suchte ich des öfteren und konnte manchen interes-santen Fund feststellen.

Mit Ausnahme der nördlichen Lagunen-Inseln, welche ihrem Wesen nach zu den S c h w e m m-Inseln zählen, müssen alle adriatischen Inseln als k o n t i n e n t a l e oder G e s t a d e - Inseln gelten, d. h. Inseln, welche Glieder der benachbarten Kon-

tinente darstellen, die infolge einer dauernden Sen-kung zum Teile vom Meer überflutet sind. Sie schließen sich dadurch in ihrem orogra-phischen und geologischen Bau dem be-nachbarten Küstenland an und müssen da-her als Teile des Kontinents angesehen werden.

Wir wissen aus den pflanzengeographischen Ver-hältnissen Süditaliens zu dem ihm heute gegenüber-liegenden Dalmatien, daß die heutigen südadriati-schen Inseln als Landüberbleibsel einer ehemals be-standenen festen Landbrücke Dalmatien-Italien auf-gefaßt werden müssen. Die Flora des Monte Gar-gano zeigt vielfach eine derartige Uebereinstimmung mit jener des gegenüberliegenden Dalmatien, daß diesbezüglich keine Zweifel aufkommen können. Pagenstecher (D i e g e o g r. V e r b r e i t u n g d e r S c h m e t t e r l i n g e) stellt auch „u n v e r k e n n b a r e A n k l ä n g e z w i s c h e n d e r L e p i d o p t e r e n f a u n a d e r w e s t a d r i a t i s c h e n I n s e l n u n d j e n e r I t a-l i e n s f e s t". Und Flora und Fauna sind in diesem Sinne unzertrennliche Begriffe.

Das Vorkommen pontisch-orientalischer oder über-haupt orientalischer Arten in Süditalien, die Nord-italien sowie Nordillyrien fehlen, läßt nur eine ein-zige Erklärung zu: Die Verbreitung solcher Arten aus den Balkanländern nach Süditalien kann nur über die ehemals bestandene Verbindungsbrücke erfolgt sein. Eine Anzahl solcher Arten ist noch auf dem Festlande Dalmatiens und Süditaliens, sowie auch auf den dazwischen liegenden Inseln nachgewiesen, während ein weit größerer Teil auf den letzteren heute fehlt, woraus hervorgeht, daß dieser Teil dem Insularcharakter sich anzupassen nicht mehr fähig war, demnach sich weder als ursprüngliche Art-form zu erhalten noch auch sich in eine Inselrasse umzubilden vermocht hatte, und daher ausstarb. Freilich kann hier eingewendet werden: „Wer ist imstande, den D e w e i s zu erbringen, daß sich diese oder jene Art überhaupt gerade auf dieser oder jener Insel, d. h. damals Festlandsbestandteil, fest-gesetzt gehabt hat? Es ist doch eine zu bekannte Tatsache, daß sich viele, ja eine große Anzahl Arten nur localiter halten können und die Fluggebiete sehr begrenzt sind." Dem muß aber gegenübergehalten werden: Auch die Schmetterlinge leben in einem anderen Zeitalter, die Urzeiten sind mit den heutigen nicht vergleichbar. Die fortschreitende Kultur ist eine der größten Feindinnen der Tiere im allgemeinen und der Schmetterlingswelt im ganz besonderen!

Dort, wo einst unermeßliche Waldbestände — die Urbedingung für fast alle Lepidopteren — die Landmassen bedeckten, wo weitausgedehnte Moore das Fortkommen vieler Arten ermöglichten, hat die rodende Kultur diesen den Böden unter den Füßen entzogen! Auch ist erwiesen, daß Wanderungen in wohl 99 von 100 Fällen nur etappenweise vor sich gehen und, daß katastrophale, elementare Vernichtung überhaupt nicht ernstlich in den Bereich der Möglichkeiten gezogen zu werden verdient; wir erklären uns leicht die Einwanderung der sibirischen Arten in das eisfrei gewordene Europa nach der zweiten Eiszeitperiode und die Wiederbesiedlung alten Bodens mit Schmetterlingselementen. Wir kennen den Drang der Individuen nach Erweiterung des ihm bei der Geburt von der Natur zugewiesenen Areals, wir finden ihn selbstverständlich, gegeben, ureigen; er hängt innig mit dem Selbsterhaltungstriebe des Individuums zusammen. Wir wissen ferner, daß zwar katastrophale Vorgänge den ursprünglichen Zustand der Erde verändert haben, aber auch, daß nicht alle Teile unseres Planeten gleichzeitig betroffen worden sein können.

In grundlegender und leicht verdaulicher Art unterrichtet uns Rühl-Heyne („Die palaearktischen Großschmetterlinge und ihre Naturgeschichte", Leipzig 1895) über die Rückeinwanderung der Schmetterlinge nach der zweiten Eiszeit. Es würde zu weit führen, wollte ich hier auch nur das Wichtigste davon herausgreifen. Die Kenntnis dieses Werkes muß hier, um nicht allzuweit auszuholen, vorausgesetzt werden.

Synoptische Tafel I.

Lepidopteren-Species nebst Herkunftsangabe	Küstenland Istrien	Dalmatien Herzegowina (Albanien)	Adriatische Inseln		(Mittel-) u. Süditalien	Anmerkungen
			Nordadria	Südadria		
Zyg. purpuralis sibirisch	+	+ (+ Alb.)	—	—	+	
brizae (pont.) orientalisch	+	+	—	—	¬	dagegen + Südfrankreich
scabiosae sibirisch	+	+	—	—	+	
punctum (pont.) oriental.	+	+ (+ Alb.)	+ (Lussin)	[+ (Brazza)]	+	
achilleae (pont.) oriental.	+	+ (+ Alb.)	+ (Lussin)	+ Lissa [+ Brazza]		
cynarae (pont.) oriental.	+	+	—	+	+	
exulans boreal-alpin	+ (Kärnten)	+ (+ Alb.)	—	—	+	
meliloti sibirisch	+	+	—	—	+	
trifolii sibirisch	+	—	—	—	+	
lonicerae sibirisch	+'	+	—	—	+	
stoechadis mediterran	+	+	[+ Brioni + Grado] + (Lussin)	—	+	
filipendulae (pont.) oriental.	+	+ (+ Alb.)	[+ Grado] + (Lussin)	—	+	
angelicae oriental.	+	+	—	—	—	
transalpina südalpin	+	+	—	+ (Lissa)	+	
ephialtes sibirisch	+	+ (+ Alb.)	+ (Lussin)	—	—	
carniolica (pont.) oriental.	+	+ (+ Alb.)	+ (Lussin) [+ Brioni]	[+ (Lissa) + Rus + Solta + Brazza]	+	

Synoptische Tafel II.

Lepidopteren-Species nebst Herkunftsangabe	Küstenland Istrien	Dalmatien Herzegowina (Albanien)	Adriatische Inseln Nordadria	Adriatische Inseln Südadria	(Mittel-) u. Süditalien	Anmerkungen
Ino ampelophaga orientalisch	+	+	—	—	+	
pruni sibirisch	+	+	—	—	?	
chloros oriental.	+	+	—	—	+	
tenuicornis oriental.	+	+ (+ Alb.)	—	—	+	
globulariae oriental.	+	+ (+ Alb.)	—	—	+	
subsolana oriental.	+	+	—	—	+	
statices mediterran *) (? oriental.)	+	+ (+ Alb.)	—	—	+	*) nach Galvagni pontisch-orientalisch
manni oriental.	+	+	+ (Lussin)	—	+	
geryon oriental.	+	+	—	—	+?	

Der Einwanderung, bzw. Verbreitung orientalischer Arten vom Balkan her nach Süditalien ist, solange die Verbindung Dalmatien-Monte Gargano bestanden hat, kein Hindernis im Wege gestanden, während eine solche via Illyrien-Alpen durch die völlige Vergletscherung der gesamten oberitalienischen Tiefebene in der zweiten Eisperiode nicht möglich war. Die Speisung Süditaliens mit orientalischen Faunenelementen hat also keine Unterbrechung erfahren, insolange die genannte Gebietsverbindung hergestellt geblieben war.

Mit der Zusammenstellung der Lepidopterenfauna der illyro-adriatischen Gebiete beschäftigt, habe ich begreiflicherweise viele Vergleiche mit der benachbarten Fauna der Apenninenhalbinsel ziehen müssen. Es kann nicht in den Rahmen dieser kurzen Abhandlung fallen, daß ich mich des weiteren über diese Vergleiche auslasse. Ich will nun zur Sache kommen. Es war mir aufgefallen, daß eine große Anzahl Arten von den Gattungen *Zygaena* und *Ino (Procris)* allen adriatischen Inseln mangele. Dieser Mangel erscheint um so auffälliger, wenn man betrachtet, daß bei vielen Arten orientalischen Ursprungs das Verbreitungsgebiet gegen Nordwesten in Nordillyrien abschließt, während alle diese Arten als in Süditalien vorkommend uns sicher bekannt sind. Arten sibirischen Ursprungs, die noch nach Süddalmatien und Herzegowina, ja Albanien hineinreichen, können sich in der zweiten Eiszeit auch über die mehrbesagte Verbindungsbrücke Dalmatien-Süditalien verbreitet haben, nachdem ihnen durch die Vereisung Oberitaliens ein Riegel vorgeschoben war. Es bleibt also bei den orientalischen Arten keine andere Verbreitungsmöglichkeit als die angegebene; die Arten müßten daher also auch noch auf den Inseln vorkommen. Daß dies nicht der Fall ist, beweist das Ausgestorbensein der fraglichen Arten auf denselben. Die Begründung dieses Aussterbens will ich nun versuchen.

Ich füge hier die synoptischen Tafeln ein, welche das Vorkommen der Arten in den in Betracht kommenden Gebieten andeuten. In der Rubrik 1: Name der Art und Herkunftsangabe, in den übrigen Rubriken bedeutet + das festgestellte Vorkommen, — das Fehlen der Art. Die in die eckigen Klammern gesetzten Daten sind von ganz nebensächlicher Bedeutung; es sind dies die Angaben über das Vorkommen auf der Schwemminsel Grado, welche als rezentere Abtrennung vom Festlande gewertet werden muß; auch ist hier eine Verbreitung über die schmalen Kanäle jetzt noch leicht möglich, zum mindesten sehr wahrscheinlich. Brazza, Solta, Bua können aus dem Grunde nicht als ausschlaggebend betrachtet werden, weil hier bei der ganz geringen Entfernung vom Festlande sowohl aktive wie passive Einwanderung in historischer Zeit sehr leicht möglich erscheint. Die dort auch im Sommer auftretenden starken Winde können leicht Einzelindividuen oder auch größere Mengen einer Art vom Festlande auf die Inseln getrieben haben, auch dürften mit der künstlichen Verbreitung der Futterpflanzen Eier oder Raupen leicht eingeschmuggelt worden sein. Von ausschlaggebender Bedeutung ist das Vorkommen einer Art auf der mehr vorgeschobenen Insel Lissa, von geringerer dagegen auf Lussin, die vom istrianischen Festlande ja nur wenig entfernt ist; noch weniger fallen die dem istrianischen Festlande bei Pola vorgelagerten Brionischen Inseln ins Gewicht. Diese wurden erst in allerjüngster Zeit durch Prof. Rebel durchforscht, sind nur durch eine sehr schmale Wasserstraße vom Festlande getrennt und ist es sehr wahrscheinlich, daß durch die intensive Kultivierung derselben in den letzten Jahrzehnten erst so manche Schmetterlingsart mit Kulturgewächsen im Ei-, Raupen- oder Puppenstadium eingeschleppt worden ist.

(Schluß folgt.)

57.89 Yramea: 14.99

The Androconia (Plumulae) of Yramea (Boloria) cytheris (Drury).[1]
With comparative details new to Science.
By T. Reuss.

Y. cytheris (Drury), Chile, labelled „Herbst, 1903", 1 ♂ in the Entomological Museum of Dahlem (near Berlin). From this specimen samples of scales following the course of the six forewing veins m_1—m_3, cu_1, cu_2, ax revealed plumulae and accompanying tectile scales in every case[2]). These plumulae are different from any I could find in 163 species and varieties of the „Argynnicae". At the base their shape is almost that of the plumulae found on the wings of our common Pieris brassicae, L. ♂, which — for size — are the same or twice the length of the variable cytheris-plumulae. The lobes are only broader and well rounded, the whole tapering quickly towards the apex, which latter, broadening out slightly, is spoonshaped and quite unlike that of the Pierid-scale, recurring only in small, otherwise bacilliform plumulae on the hindwings (veins $r_2 + r_3$, m_1) of Cynthia austrosandana, Fruhst. (a ♂ specimen from Lombok, labelled 29057, Berlin Museum coll.) and reminding — in shape only — of the otherwise very different, untransparent, hairbearing, brush-like heads of certain Euploea-androconia. The actual scent-bristles surround this spoonshaped, semi-transparent apex of the cytheris-scale, which differs only in its rounded shape from the more angular, arrowhead-like apex of the bicolored androconia common to all American and many Asian and European „Argynnis"-species, including the three Brenthis-species, ino, hecate alaica and daphne[3]). In the distribution of their pigmentation the cytheris-plumulae resemble these common, bicolor „Argynnis"-scales (first figured in the case of paphia by Aurivillius: „On the secondary sexual characters of northern Rhopalocera" 1880, pl. 1, fig. 5), as they are yellowish brown at the base and become transparent towards the apex, but the color-contrast is not so strong as in any of the true „Argynnis" bicolor, „black-and-(semi-transparent) white" or „brown and white" plumulae. The general habitus of the cytheris androconia — broad base and broad apex, connected by a thin filament — compares only with the habitus of dione- and coluenis-plumulae, both of which kinds also belong to South-America.

The covering (tectile) scales are even in width and up to twice as long as the plumulae. They have the appearance of very much elongated, common, yellow-brown scales with rounded or slightly forked apex. Also they are plainly striated (like almost all scales of any kind), a detail very nearly lost in the plumulae.

57.67 Lytta (43.93)

Lytta vesicatoria v. maculata Drexler.
Eine neue Varietät von Lytta vesicatoria Lin.
von Drexler Béla.
Entomolog. Pered. Preßburger Komitat
mit 1 Abbildung.

Die nachfolgenden Zeilen sollen sich mit einem neuen Käfer, der Slovakischen Kleinebene befassen. Der Käfer wurde von mir selbst und meiner lieben Frau gefangen, im Monat Mai bei 40°C. Hitze in großer Gesellschaft der Lytta vesicatoria Lin. Die Beschreibung ist folgende:

beim Weibchen 2—3 mm lang mehr verschwommen.

Ganz metallischgrün, Fühler vom dritten Glied ab mattschwarz. Kopf ohne weiße Behaarung, breiter als der Halsschild. Im Gegensatz zu Lytta vesicatoria Lin. die Hinterbrust, Hinterschenkel und Bauchternite stark weiß behaart. Auf beiden Flügeldecken von der Spitze gegen die Mitte zu je ein 8 mm langer tabakbrauner, leicht schimmernder Fleck. Es befinden sich fünf Exemplare in meiner Kollektion, es konnte konstatiert werden, daß unter 600 Stück, welche wir in zwei Tagen gefangen haben, nur fünf Stück waren. Weiter ist noch zu bemerken, daß bei dem Weibchen die Flecke nur 2—3 mm lang sind und mehr verschwommen.

Ich erlaube mir den Käfer auf den Namen zu taufen: Lytta vesicatoria V. maculata Drexler.

Entomologische Neuigkeiten.

Colpodes splendens Horawitz, eine kleine, japanische Carabide, wurde in Hurst, Derks, auf dem Boden laufend, gefunden. Wie sie dahin gelangt war, konnte nicht ermittelt werden.

Zwei mit Anthrenus verbasci besetzte Aehren wurden im April 1902 in eine Flasche gelegt und diese verschlossen. Im April 1919 fanden sich darin lebende Larven vor, so daß eine ununterbrochene Fortpflanzung während voller 17 Jahre stattgefunden hat.

---

[1]) Yramea m. nov. gen., Type: cytheris Dr. cf.: „Entomol. Mitteilungen", Dahlem, No. 10/12, 1920, and „Archiv für Naturgeschichte", 1921, where the full details of my investigations will appear.
[2]) The microscopical preparation I was courteously permitted to make, is in the Dahlem Museum together with the specimen of Yramea cytheris.
[3]) Aurivillius, in the essay cited above, expressly says that Br. ino "never" has plumulae. I must therefore suppose, that the plumulae of the Brenthis-species were overlooked up till now.

Redaktion M. Rühl. Zürich VII. — Verlag des Seitz'schen Werkes (Alfred Kernen), Stuttgart.
Druck von H. Laupp jr Tübingen.

1. Febr. 1921. No. 2. 36. Jahrgang.

Societas entomologica.

Gegründet 1886 von *Fritz Kühl*, fortgeführt von seinen Erben unter Mitwirkung bedeutender Entomologen und hervorragender Fachleute.

Toute la correspondance scientifique et les contributions originales sont à envoyer aux Héritiers de Mr. Fritz Rühl à Zurich VII. Pour toutes les autres communications, payements etc. s'adresser à Verlag des Seitz'achen Werkes (Alfred Kernen), Stuttgart, Poststr. 7.	Alle wissenschaftlichen Mitteilungen und Originalbeiträge sind an Herrn Fritz Rühl's Erben in Zürich VII zu richten, geschäftliche Mitteilungen, Zahlungen etc. dagegen direkt an den Verlag des Seitz'-achen Werkes (AlfredKernen), Stuttgart, Poststr. 7.	Any scientific correspondence and original contributions to be addressed to Mr. Fritz Rühl's Heirs in Zürich VII. All other communications, payments etc. to be sent to Verlag des Seitz'achen Werkes (Alfred Kernen), Stuttgart, Poststr. 7.

Die Societas entomologica erscheint monatlich gemeinsam mit dem Anzeigenblatt Insektenbörse. Bezugspreis laut Ankündigung in letzterer. Mitarbeiter erhalten 25 Separata ihrer Beiträge unberechnet.

Coleopterologische Notizen V [1]).

Von *Jan Roubal.*

145. *Die Verbreitung des Bembidion striatum F.* In Ent. Bl. 1918 (XIV.) als Beilage zu Heft 4—6 befindet sich ein ziemlich erschöpfendes Verzeichnis der Lokalitäten der erwähnten Art von Prof. Dr. Fritz Netolitzky. Meines Wissens sind noch diese Fundorte publiziert worden: Lusitania: Douro (M. Paulino de Oliveira, Cat. des Ins. du Portugal, Coimbra, 1894, 66). — Styria (Carl Brancsik, Die Käfer d. Steiermark, Graz 1871, „auf sandigen Ufern häufig". — Germania: Sondershausen (F. Göbel, Gymnasialprogramm, Sondershausen, 1854, 10). — Bulgaria: Tundža, Marica (Trnovo-Sejmen) (F. Rambousek, Fauna Col. Bulg. = Faunata na tvrdok b. Blg. in Tr. na blg. prirod. dr., V, Sofia 1912, 70).

146. *Bembidion Stephensi* Crotsch. bevorzugt die schattigen, dunklen Ortschaften z. B. Waldtümpel (Reitter, F. G. I. 116), tiefe Täler mit Bächen usw. Oft findet man ihn zufälligerweise, weit vom Wasser, an den Wänden, Fenstern, in Gassen, Gärten usw. Nach eigenen Erfahrungen und Beobachtungen bin ich überzeugt, daß diese seltene und interessante Species auch in und unweit von Kanälen, verschiedenen Dorf- und Stadtwasserrinnen, Gruben usw. lebt. Diese Neigung ist realisiert bei dem *B. inustum* Duv., das bekanntlich in Kellern gefunden wurde und dürfte als hemiphobophil lebender Humidicol betrachtet werden. Es gibt eine Reihe Abstufungen dazu: die Bembidion-Arten, die unter den großblätterigen Pflanzen im Schatten der Waldungen usw. leben, das Leben des *B. Stephensi* usw. sind Beweise dafür.

147. *Europhilus consimilis* Gyll., soll im Zitate Seite 161 und nicht 159 halten, wie irrtümlich im Index von Gyllenhals Buch. IV, 726) und in Cat. Col. Eur. et. 1906 angeführt.

148. *Stenus nigritulus* Gyll. v. *corcyranus* Bondr., Ann. Soc. Ent. Belg. 1912, 417 auf Grund eines Exemplars von Corcyra aufgestellt, besitze ich auch aus Attica (Dr. Krüper).

149. *Mycetoporus* a. *Karamoni* Roub. D. E. Z-1913, 512, zuerst als a. ad *bosnicum* Luze beschrieben, ist als a. ad *Baudsieri* Rey. zu stellen, da nach

einer brieflichen Mitteilung Bernhauers *bosnicus* als synonymum zum *Baudsieri* fällt.

150. *Corticaria obscura* Bris., von A. Trappen nach Reitter, F. G. III. 88, aus Verbascum gezogen, sammelte ich durch mehrere Jahre ausschließlich auf dem Cirsium lanceolatum, arvense und palustre, besonders auf den Waldblößen, gewöhnlich samt dem Ceuthorrhynchus litura F., bei Přibram.

151. *Cryptophagus Schrötteri* Rtt. von Erčig novi habe auch von der Insel Lošin (D), Novak leg.

152. *Oxylaemus cylindricus* Panz., die allbekannte große Rarität, lebt in alten Eichen, fast stets unter oder in der Nähe von Lasius fuliginosus. In der Umgebung von Beroun (Boh.) habe ich am 30. Mai 1918 ein Exemplar gefunden, das in den Mandibeln ein *Ptenidium gressneri* hielt. Die Art ist also ein fleischfressender Räuber.

153. *Sclatosomus incanus* Gyll. a. *ochropterus* Steph. von Ga. Br. Boh. besitze ich auch aus Halicia (Bolechów) und G. (Hildesheim).

154. In meinem Artikel in Soc. Ent. XXXII, Nr. 3, p. 12 soll es bei dem *Xyletinus oblongulus* Muls. a. „*rubroscutellatus*", nicht „*fubroscutellatus*" heißen.

155. *Dorcadion equestre* Laxm. v. *Nogeli* Fairm. bis jetzt nur aus As. m., also nicht europäisch; ich habe die var. auch aus Volhynia.

156. In Col. Rund. 1919, 19 wurde *Chrysomela taurica* beschrieben unter Vergleich mit *Ch. caspica* Wse., ohne eine Erwähnung der *Ch. J. Danieli* m.. Čas. Čes. Sp. 1912, 27—28, die gleichfalls auf Grund des Vergleiches mit *Ch. caspica* Wse. beschrieben wurde. Da auch auf dem Ende der in Frage stehenden Beschreibung, wo alle hierher fallenden kaukasischen Arten angeführt, *Ch. J. Danieli* weggelassen ist, erlaube ich mir durch diese Note das Verzeichnis der betreffenden Arten zu komplettieren.

157. Den neulich entdeckten *Longitarsus Hubenthali* Wanka, Ent. Bl. 1917, 74—75 aus Silesia sammle ich hier, in meiner neuen Heimat, einem entomologischen Paradies, bei Baňská Bystrica (Čechoslov.) auf trockenen Hügeln auf Symphytum tuberosum mit *L. Linnaci* Duft., hauptsächlich im Mai.

158. *Aphodius Kluchoris* m. S. E. 1918, 7 ist eine var. zum *obscurus* F.

---

[1]) IV. siehe Soc. Ent. 1919, 2.

37. 83 Zygaenidae (4)

Die Zygaenidenarmut der adriatischen Inseln.

Von *H. Stauder*, Wels, O.-Oe.

(Schluß.)

Es ist natürlich nicht ausgeschlossen, daß noch die eine oder andere Art auf einer Insel später gemeldet werden wird; dies kann jedoch an der Sache nicht mehr viel ändern. Wir ersehen aus den Tafeln:

1. Nur 3 Arten *Zygaena* kommen auf Lissa vor: *achillcae* (pont.-orient.), *transalpina* (südalpin) und *carniolica* (pont.-orient.);

2. auf Lnssin 6 Arten und zwar: die sibirische *ephialtes*, die pont.-orient. *punctum*, *achillcae*, *filipendulae*, *carniolica*, sowie die mediterrane *stoechadis*;

3. von allen diesen Arten ist das Vorkommen nachgewiesen vom Küstenlande, Istrien, Dalmatien, Herzegowina (teilweise auch Albanien) einerseits und Süditalien andrerseits;

4. wenn Lussin — was sicher gerechtfertigt erscheint — außer Betracht bleibt, so bleiben nur mehr die unter Punkt 1 aufgeführten 3 Arten, unter denen keine einzige sibirische ist;

5. am auffallendsten ist das Verhältnis bei den *Ino*, von welchen Lissa keine einzige, Lussin nur eine Art (diese orientalisch) beherbergt.

6. wenn die nicht in Frage kommende *Ino pruni* ausgeschaltet wird, so bleiben noch 8 orientalische Arten von *Ino* in Betracht, die im Küstenlande, Istrien, Dalmatien, Herzegowina, Albanien einerseits, in Süditalien andrerseits vorkommen, aber allen Inseln fehlen.

Außer *Z. exulans* ist keine Art dabei, die hoch ins Gebirge ansteigt; die vertikale Verbreitungsgrenze ist selbst im tiefen Süden, so am Aspromonte bei etwa 1500 m, nur im marokkanischen Atlas noch darüber. Wenn daher bei orientalischen Arten eine horizontale Verbreitung nach Westen auf dem Umwege über die Alpen angenommen wird, so kommen in Anbetracht der Eiszeitverhältnisse (zweite Eiszeit) außer etwa *exulans* die hier in Rede stehenden Arten pontischen oder pontisch-orientalischen Ursprungs nicht in Erwägung. Bekanntlich treten gerade *Zygaena* in unmittelbarer oder doch nächster Nähe der Meeresküsten in erstaunlicher Individuenzahl auf, während sie im Gebirge, zumal in höheren Lagen viel rarer werden, ein Beweis, daß sie an gemäßigte Temperaturen und mildes Klima gebunden sind. Der Weg über die Alpen, d. h. die eisfrei gebliebenen Höhen der Alpen in der zweiten Eiszeitperiode war daher für die orientalischen Arten ungangbar. Daraus ergibt sich naturgemäß der Verbreitungsweg via Festlandsbrücke Dalmatien-Süditalien und in weiterer Folge, daß die meisten Arten vorerst auf den Festlandsrelikten, den Inseln, sässig waren, heute aber dort nicht mehr vorkommen, also ausgestorben sein müssen. Nehmen wir diese Annahme als bewiesen hin, so bleibt noch die Ergründung der Ursachen dieses Aussterbens offen.

Und dieser Frage soll hier näher getreten werden. Es sei die Gattung *Ino* ausgeschaltet und nur

mehr von *Zygaena* die Rede, deren Arten ja den meisten Sammlern viel geläufiger sind.

Es ist sattsam bekannt, daß die Arten von *Zygaena* meist ein lüderliches Pack sind. An vielen Flugplätzen kann man bis zu 8 und auch mehr Arten ineinander fliegen sehen. an einer Kompositenblüte oder Distel kann man öfters — wie ich dies von Triest und Süditalien her weiß — 3, 4 auch mehr Arten zusammen friedfertig nebeneinandersitzend beobachten. Bastardierungen zwischen verschiedenen Arten sind an der Tagesordnung. An anderer Stelle habe ich zu beweisen versucht, daß viele Arten, denen wir Modesucht und allzugroße Unbeständigkeit vorwerfen, doch nicht so schuldbeladen seien, wie es den Anschein haben mag; sie brauchen fortwährende Blutauffrischung durch stärkere Arten, um die eigene zu erhalten oder doch nicht zu verkümmern. Die vielen Bastardierungen von so nahe verwandten Arten können naturgemäß nicht ohne Folgen bleiben: die zahllosen Aberrativ-, Lokalrassen-, Rückschlags- usw. Formen gerade beim Genus *Zygaena* reden eine zu deutliche Sprache. Ich habe in der kurzen Zeit, da ich dieser Frage mein Augenmerk zugewandt habe, im Laufe weniger Jahre nicht weniger als fünfmal Copula zwischen verschiedenen Arten im Freien zweimal zwischen Genus *Zygaena* $\times$ *Syntomis*, dreizehnmal zwischen verschiedenen Rassen- oder Aberrativformen ein und derselben Art und 8 Hybridationsprodukte teils als nachgewiesen, teils als höchstwahrscheinlich festgestellt[1]). In der Natur ist alles zweckmäßig, somit auch diese Adulteria. Die Zygaenenarten sind, wie ich mehrfach betont und zu erweisen trachtete, in fortwährender Umbildung begriffen und scheinen Blutauffrischung durch stärkere Arten nötig zu haben. Freilich ist eben diese Umbildung gewiß oder doch vielfach als eine Folgeerscheinung der Artenvermischung anzusehen und scheint hier die Artverdrängung auf diesem Wege vor sich zu gehen, wenn man bei dem Aufgehen einer Art in der andern überhaupt von einer Artenverdrängung sprechen darf.

Ich glaube also gerade darin, daß den seinerzeit auf den Inseln zurückgebliebenen Artindividuen der gewohnte Nachschub an immer wieder neuer Blutzufuhr versagt geblieben ist, den Grund für das Aussterben wenig akkomodabler Arten gefunden zu haben. Nicht außer Betracht gelassen werden darf freilich, daß den Inseln nach und nach durch die Ungunst des Seeklimas die Waldbestände entzogen worden sein dürften, wozu noch Menschenhand und Kulturfortschritt ein übriges getan haben mögen. Das Fehlen fast aller Arten auf den Inseln könnte aber auch umgedeutet werden: Daß nämlich eine Landverbindung Dalmatien-Italien überhaupt nie bestanden hat. Die wenig flugkräftigen *Zygaena* und *Ino* hätten die weiter ins Meer vorgeschobenen Inseln (z. B. Lissa) weder aktiv noch passiv erreichen können. Wir haben auf Lissa nur *achillcae*, *transalpina* und *carniolica*. Man kann aber von diesen wahrhaftig nicht behaupten, sie seien flugkräf-

¹) Fauna Illyro-Adriatica. Z. f. wiss. Ins Biol. Berlin, unter der Presse.

tiger als etwa *purpuralis, scabiosae, storchadis dubia* oder irgendeine der in Betracht kommenden 8 *Ino*-Arten! Wie sollten also die besagten 3 *Zygaena*-Arten nach Lissa gekommen sein? Wie anders als auf einem ehemals bestandenen Landwege!

Wie überzeugend sagt u. a. Galvagni[1]) über den Faunencharakter der adriatischen Inseln: „Die dalmatinische Küste ist eine Senkungsregion. Die langgestreckten, der Küste vorgelagerten Inseln sind nichts anderes als die Kämme von Gebirgszügen, die langsam in die Adria versinken. Von ganz besonderer Bedeutung ist die Inselreihe, die von Lagosta beginnend, die Pelagosagruppe, Pianosa und die Tremitis umfaßt, als die Reste des Nordufers eines Meerteiles, der in der Pliocänzeit bis hierher reichte, als die dalmatinischen und istrianischen Inseln noch mit dem illyrischen Festlande zusammenhingen und eine breite Landbrücke von Dalmatien zu dem damals von Italien getrennten Monte Gargano zog. Wir müssen uns daher die Inseln ursprünglich mit einer Fauna von Gebirgstieren besiedelt denken, welche den Charakter der Berge der Hinterländer aufgewiesen haben mag, mit illyrischen (Balkanformen) und südalpinen Arten, während die Ebenen und Niederungen von einer Lepidopterenfauna von vorwiegend orientalischem Gepräge bewohnt gewesen sein dürften, da ja der Weg von Osten über die damals bestandene Landverbindung offen stand, wozu sich noch mediterrane Elemente gesellten. Als sich die Existenzbedingungen änderten, wanderten oder starben die mehr an Feuchtigkeit und Wald gewohnten Gebirgstiere aus oder paßten sich den geänderten Verhältnissen an. *Zygaena transalpina* (südalpin) und *Acidalia sodaliaria* (Balkanart) auf Lissa bilden weitere Beispiele für Relikte der ursprünglichen Fauna. Erst später dürften von Norden her die mitteleuropäisch-sibirischen Arten unter den Stürmen der Eiszeit vorgeschoben sein, während für die mediterranen und orientalischen Elemente im Südwesten und Westen ein Faunenaustausch möglich war, welcher jedenfalls mitunter weit ins Tertiär zurückreicht. Zweifellos müssen wir auch hier wiederholte Wanderungsepochen mit abwechselndem Vorrücken und Zurückziehen annehmen, welche die periodische Wiederkehr von Klimaschwankungen veranlaßte. Gerade die mit Korsika und Sardinien, mit Mittelitalien, mit Südspanien und Südfrankreich gemeinsamen Arten scheinen jene Wege zu weisen.“

Von diesem Gesichtspunkte aus betrachtet lesen sich meine beiden synoptischen Tafeln ungemein leicht, so daß weitere Erörterungen und Begründungen kaum mehr nötig sein dürften. Wenn nun auch viele orientalische Arten über Nordillyrien durch die Alpen und nach der Enteisung der heutigen Poebene nach Mittel- und Süditalien, also auf einem großen Umwege vorgedrungen sein mögen, um sich dann mit den via Festlandsbrücke Illyrien-Monte Gargano viel früher in Süditalien angelangten Genossen zu vereinigen, so hat dies nichts weiteres auf sich.

---

[1]) Mitteil. des Naturwiss. Ver. a. d. Universität Wien. VII. Jhrg. 1909: „Die zoologische Reise des naturwissenschaftlichen Vereins nach Dalmatien im April 1906, Beiträge zur Kenntnis der Lepidopterenfauna der adriatischen Inseln", 171/2.

Die Annahme, alle oder doch die Mehrzahl der heute den Inseln fehlenden *Zygaena*- und *Ino*-Arten haben dieselben einstmals vor Abbröckelung vom Kontinente bevölkert, hat daher viel mehr Wahrscheinlichkeit für sich als die gegenteilige. Offener bleibt die Frage, welche Faktoren zum Aussterben der besagten Arten auf den Inseln maßgebend waren. Es können dies wohl nur die zwei bereits erwähnten Momente sein: die Entziehung des Nährbodens durch die einsetzende Entwaldung oder der Mangel an Blutzufuhr, vielleicht auch beide zusammenwirkend.

---

57 : 16 . 9

Liste neuerdings beschriebener und gezogener Parasiten und ihre Wirte. VII.

(Fortsetzung.)

Pteromalus bucheanus	Paranomalon sp.
	Porthetria dispar
	Scambus conquisitor
—	inquisitoriellus
	Spilochalcis debilis
	Theronia fulvescens
calandrae	Calandra oryzae
	— Sitodrepa panicea
cerealellae	Sitotroga cerealella
chionobae	Oeneis norna var. semidea
cuproideus	Hemerocampa leucostigma
gelechiae	Gelechia cerealella
hemilcucae	Hemileuca oliviae
incertus	Anthonomus signatus
nidulans	Euproctis chrysorrhoea
omnivorus	Malacosoma americana
polychlori	Vanessa polychloros
puparum	Agraulis vanillae
.	Aleoides sp.
	Basilarchus archippus
	Campoplex fugitivus
	Epargyreus tityrus
	Eurema lisa
	Eurymus philodice
	Microbracon sp.
—	Polygonia c. album
—	— satyrus
—	Pyrameis atalanta
—	— cardui
—	Vanessa antiopa
—	— polychloros
— var. va-	
nessae	Papilio palamedes
—	— thoas
—	Polygonia comma
—	— interrogationis
—	Pontia monusta
—	Vanessa antiopa
— tabacum	Calandra oryzae
-	Euphydryas phaeton
	Phlegethonthius sp.
-	Polygonia progne
- vanessae	— interrogationis
Pterosema subaenea	Agromyza phaseoli
Ptinobius magnificus	Amphicerus bicaudatus

Pyracmon conocola
Raphitelus maculatus
Rhopus coccus
Rhogas bicolor
  intermedius
  kitcheneri
  perplexus
  politiceps
  rufocoxalis
Rhyssa persuadoria
Scambus conquisitor

—

— —

ephialtoides
grapholithae
inquisitoriellus
—

marginatus

• pedalis

tenuicornis
Scelio calopteni
· luggeri
· ovivorus
Schizoloma annictum
—

—

Pinipestis sp.
Sculytus rugulosus
Pseudococcus aceris
Vanessa urticae
Apatela hastulifera
Gelechia gossypiella
Peridroma margaritosa
  incivis
Autographa brassicae
Peridroma margaritosa
Monohammus confusor
  scutellatus
Alciodes intermedius
Aletia argillacea
Ameloctonus fugitivus
Archips cerasivorana
Argiolepia quercifoliana
Hemerocampa leucostigma
Malacosoma americana
  disstria
Mineola indigenella
Phacellura hyalinitalis
Phryganidea californica
Thyridopteryx ephemerae-
  formis
Evetria siskiyouana
Grapholitha caryana
Argiope riparia
Coleophora cinerella
Epeira angulata
Gnorimoschema gallaesolida-
  ginis
Grapholitha olivaceana
Hemerocampa leucostigma
Malacosoma americana
  — californica
  — constricta
Phycita juglandis
Thyridopteryx ephemerae-
  formis
Carpocapsa pomonella
Chlorippe clyton
Hemerocampa leucostigma
Iphidicles ajax
Synanthedon pictipes
Isia isabella
Malacosoma americana
  disstria
Portethria dispar
Saperda concolor
Tortrix fumiferans
Sesia caudata
Melanophus atlantis
Culoptenus sp.
Dissosteira carolina
Bombyx rubi
Callimorpha dominula
Cnethocampa processionea
Dasychira pudibunda
Eupithecia lineariata
Hylophila prasinana
Phalera bucephala

(Fortsetzung folgt.)

Entomologische Neuigkeiten.

In der neuen Zeitschrift Treubia gibt Dr. W. ROEPKE wichtige Aufschlüsse über die Lebensweise der Polistes diabolicus de Sauss., einer sozialen Faltenwespe. Er hat im Jahr 1916 schon darauf hingewiesen, daß die Männchen bei sonnigem Wetter in Mengen auf den höchsten Berggipfeln Javas zusammenströmen und sich dort auf den blühenden Vaccinium-Büschen ein Stelldicbein geben, während die Weibchen gewöhnlich nur ganz vereinzelt im Flachland von der Meeresküste bis zur Hügelregion angetroffen werden. Die dem Autor bis anhin rätselbafte Lebensweise bat sich nun mit der unverhofften Hilfe eines Pflanzers, der offenbar ein ganz besonders guter Beobachter ist, aufgeklärt. Dieser machte ihm die Mitteilung, daß die Wespe im Jahr 1916 derart häufig auf seinem Besitztum erschienen sei, daß Bekämpfungsarbeiten erforderlich wurden. Die Nester werden stets in sehr jungen Anpflanzungen mit Robusta-Kaffee angetroffen, wo der Schattenbaum, Leucaena glauca, die Höhe von $2\frac{1}{2}$—3 m nicht übersteigt und die dicht mit Tephrosia candida-Sträuchern bewachsen sind, so daß das Ganze ein lichtes Dickicht bildet. Damals wurden sicher hundert Nester in allen Größen, die zwischen einigen und 15 cm Durchmesser differierten, vernichtet. Damit war die Art an dem Ort ausgerottet und kam nicht wieder zurück, stellte sich hingegen in einem anderen Revier ein, das sich in Beziehung auf seine Bepflanzung im gleichen Zustand befand, wie im Jahr 1916 das erste. Auch diese Anlagen haben Zwischenpflanzung von candida, und auch in den Tephrosia candida-Sträuchern kommen die Nester vor. Zur Zeit, da die Meldung erfolgte, war die Wespe nicht zahlreich vorhanden, was aber nicht ausschließt, daß sie sich nicht noch sehr stark vermehren könnte. Da sie sehr angriffslustig ist, wird sie den Arbeitern gefährlich, die großen Respekt vor ihr haben. Eine Berührung des Strauches, auf dem sich ein Nest befindet, hat zur Folge, daß der Unachtsame, der wagte, die Bewohner zu stören, sofort seinen Stich weg hat, der in den meisten Fällen in das Gesicht verabfolgt wird, und eine schmerzhafte Schwellung hervorrruft. Bei der Annäherung an ein Nest gewahrt man stets, daß einige der Tiere, Wache haltend, oben aufsitzen, dann zum Abfliegen bereit, aufgeregt hin- und herlaufen. Bei ruhigem Verhalten klappen sie bald die Flügel zusammen und nehmen ihre Plätze wieder ein. Die Larven werden von den Javanern verspeist, die sie für einen Leckerbissen erklären. Das Nest besteht aus einer einzigen, hängenden, hüllenlosen Wabe, hat die Form einer umgekehrten Gießkannenbrause, und sitzt an einem kurzen, schwarzen Stielchen. Die Farbe ist ein gleichmäßiges Steingrau; die Struktur ist im Gegensatz zu derjenigen der Nester unserer großen Wespen-Arten recht zäh, so daß es nicht leicht zerbricht. Die glänzend schwarze Färbung, die Spitze und Stielchen aufweisen, zeigt auch das Zweiglein, auf dem das Nest sitzt, in einer Umgebung von 2—2,25 cm.

___

Redaktion M. Rühl. Zürich VII. — Verlag des Seitz'schen Werkes (Alfred Kernen), Stuttgart.
Druck von H. Laupp jr Tübingen.

1. März 1921. No. 3. 36. Jahrgang.

Societas entomologica.

Gegründet 1886 von *Fritz Rühl*, fortgeführt von seinen Erben unter Mitwirkung bedeutender Entomologen und hervorragender Fachleute.

Toute la correspondance scientifique et les contributions originales sont à envoyer aux Héritiers de Mr. Fritz Rühl à Zurich VII. Pour toutes les autres communications, payements etc. s'adresser à Verlag des Seitz'schen Werkes (Alfred Kernen), Stuttgart, Poststr. 7.	Alle wissenschaftlichen Mitteilungen und Originalbeiträge sind an Herrn Fritz Rühl's Erben in Zürich VII zu richten, geschäftliche Mitteilungen, Zahlungen etc. dagegen direkt an den Verlag des Seitz'schen Werkes (Alfred Kernen), Stuttgart, Poststr. 7.	Any scientific correspondence and original contributions to be addressed to Mr. Fritz Rühl's Heirs in Zürich VII. All other communications, payments etc. to be sent to Verlag des Seitz'schen Werkes (Alfred Kernen), Stuttgart, Poststr. 7.

Die Societas entomologica erscheint monatlich gemeinsam mit dem Anzeigenblatt Insektenbörse. Bezugspreis laut Ankündigung in letzterer. Mitarbeiter erhalten 25 Separata ihrer Beiträge unberechnet.

57 . 89 Parnassius (45 . 79)

Neue Parnassier-Formen aus Unteritalien.

Von *H. Stauder*, Wels O.-Oe.

Meine Forschungsreise 1920 nach Unteritalien hat mehrere neue Formen zutage gefördert, von denen ich jetzt schon, nachdem die Drucklegung meiner umfassenden „Lepidoptera aus Unteritalien" unter den jetzigen mißlichen Verhältnissen wohl erst im kommenden Jahre möglich sein dürfte, eine knappe Vorbeschreibung geben will.

Mehrere hier zu beschreibenden Formen sind als Produkte einer heuer im Sommer in Unteritalien herrschenden, ganz außergewöhnlichen trockenen Hitze anzusprechen, jedoch möchte ich mich hier auf eine kurze Beschreibung beschränken mit dem Versprechen, aufklärende Details in der angekündigten Arbeit zu bringen.

Zur Zeit der Manuskriptabfassung ist die Ausbeute 1920 noch nicht voll gesichtet; es stehen demnach Ergänzungen noch zu erwarten, die in die Hauptarbeit aufzunehmen sein werden.

Parnassius apollo pumilus Stich.

satyrus mihi f. n. 1 ♀ 3. VII. 1920 Montalto, Aspromonte 1800 m. Ein recht merkwürdiges Stück, zwittrig anmutend. Der Größe nach *majuscula* Trti., der Flecken- und Ocellen-Ausdehnung nach *ampliusmaculata* Trti. Das ganze Tier ober- und unterseits intensiv speckigglänzend mit auffallend starker Weißschuppenkarenz. Flügelpaare asymmetrisch: Vflgl. rechts Basis-Rand 37, links 34.5 mm ausladend; Randung in *falcata* Trti.-Stimmung; Hflgl. rechts normal ausgerundet, Distanz Vr.-Ecke — Analecke 22 mm, Spiegelflecken groß wie bei *ampliusmaculata*, doch die obere unverhältnismäßig groß, jedoch wie bei *tenuiuncta* Ver. schwachgeringt, während der untere grobgerandet ist und die Merkmale von *intexterta* Schultze und *appendiculata* Trti. erweist. Der vordere Augenfleck trägt überdies noch das Charakteristikum von f. *inaequata* Trti. und *bispupillata* Trti. Der linke Hflgl. trägt stark deformiertes Gepräge, obwohl oberseits die Adern fast normal verlaufen; Fl.-Länge 27 gegen 30 mm der Gegenseite. An der breitesten Stelle mißt der l. Hflgl. 16,5 mm (gegen 22 cm beim korrespondierenden rechten!) Der Analsaum verläuft in fast genau ge-

rader Linie, während der gegenüberliegende rechte mehr ausgebuchtet ist. Der Oberflächenunterschied zwischen diesem linken und dem rechten Hflgl. dürfte wohl etwa $\frac{1}{3}$ betragen. Das merkwürdigste aber an diesem linken Hflgl. im besonderen wie am ganzen Exemplare im allgemeinen besteht in der Form, Größe und Lage der beiden Spiegelflecke, von denen der obere kleiner als der korrespondierende rechte ist und der *depupillata*-Richtung angehört, auch ist er nicht so schön abgerundet wie der rechtsliegende, sondern gegen den Außenrand auffallend eingebuchtet, auf der U.-S. übermäßig in die Länge gezogen und dermaßen die l. *inaequata* bezeichnend. Der untere linke Spiegelfleck ist ausgesprochen nierenförmig gestaltet, auf der U.-S. größer als oberseits, trägt also, was noch von keinem *pumilus*-Stücke bekannt war, ebenfalls das Merkmal von f. *inaequata* Trti. Die Entfernung zwischen den Spiegelflecken der Linksseite beträgt 3 mm, während selbe rechtsseitig 7 mm mißt. Auch die Analflecken der U.-S. haben rechts und links verschiedene Größe: oberseits hatten wir rechts die größeren, links die kleineren Spiegelflecke; bei den Analflecken verhält sichs gerade umgekehrt, auf der rechten Hflgl.-U.-S. sind die beiden Analfleckchen doppelt so klein als ihr vis-à-vis. Der linke, obere, größere Analspiegelfleck zeigt nebenher noch die Merkmale der f. *inaequata*, auch ein Fall, von dem wir das erstemal vernehmen. Es liegt also ein — ich möchte sagen, geradezu verrücktes — Stück vor, bei dem wirklich kein einziger Spiegelfleck seinem Gegenüber oder irgendeinem anderen Spiegelflecke des Gesamttieres gleichkommt oder auch nur ähnlich geformt aussieht. Mit Ausnahme des rechten unteren Augenspiegels sind alle übrigen *inaequata* angehörend. Eine weitere Zeichnungsasymmetrie besteht darin, daß die oberseits schwarzen Analfleckchen rechts und links und dieselbe Lagerung rechts und links aufweisen: links ist diese steiler, rechtsseitig liegender. Das beschriebene Objekt wird seinerzeit abgebildet werden.

F. *satyrus* vereinigt also die Merkmale folgenden Formenkreises von *apollo* bzw. *pumilus* in sich:

a) *majuscula* Trti. (beiderseits),
b) *falcata* Trti. (beiderseits),
c) *ampliusmaculata* Trti. (beiderseits).
d) *bispupillata* Trti. (rechtsseitig),
e) *depupillata* Trti. (linksseitig),
f) *appendiculata* Trti. (rechtsseitig),

g) *tenuicincta* Ver. (rechtsseitig),

h) *interteyta* Schultze (rechtsseitig),

i) *inaequata* Trti. (e x t r e m s t, b e i d e r s e i t s, links auch der untere Spiegelfleck, sowie die A n a l f l e c k c h e n !),

j) *reniformis* mihi n. f., linksseitig hinterer Spiegelfleck, welche Neueinführung wohl gerechtfertigt erscheint, da auch andere Stücke diese Augenform aufweisen.

k) *lepidaporius* mihi n. f. mit übermäßiger, auffallender Schuppenkarenz, wie dies noch weitere ganz frische ♀♀ und ♂♂ meiner Serie aufweisen.

In Summa 11 Formen.

In jüngster Zeit stand irgendwo zu lesen, in Paris sei eine Schmetterlingsfabrik entdeckt worden, in der in geschicktester Weise herrliche Asymmetrien, prüchtige Zwitterformen und Aberrationen durch naturschändende Menschenhand und Betrügerverstand erzeugt und gutmütigen Entomophilen — wohl etwa abgeschmockten Parvenus, Kriegs- und Friedensgewinnern, die jetzt leider auch in unsere geheiligte Gemeinde einzudringen scheinen zum Nachteile der sakrosankten Wissenschaft, doch vielleicht zum Wohle einiger gewissenloser Händler — vorgesetzt wurden. Mundus vult decipi! Ich muß offen sagen, daß auch ich — hätte ich das närrische Exemplar vielleicht von irgendeinem der sattsam bekannten Schwindler empfangen — an Betrug à la Paris denken müßte. Nachdem ich aber dieses Kuriosum höchsteigenhändig und bei vollem Verstande einfing, kommt in mir kein Zweifel an der Echtheit auf. Nur bin ich durch diesen glücklichen Fang ein noch glühenderer Anbeter unserer allgütigen Mutter Natur geworden, die — wie ich in der angekündigten Abhandlung an der Hand dieses herrlichen und noch weiterer Funde zu erhärten bestrebt sein werde — niemals einer Lüge fähig ist. —

Forma *musagetes* mihi f. n. (Musagetes Apollon [Phöbos] als Musenführer). 2 ♂♂ Aspromonte 1700 und 1800 m, Anfang Juli 1920 i. coll. m. In meiner ansehnlichen *pumilus*-Serie sind nur 2 Stücke dieser Richtung vertreten. Wäre bei diesen Belegstücken nicht noch der *apollo* L. eigene Vflgl.-Innenrandfleck vorhanden, so könnte man bei Vergleich mit Seitzens Abb. von *P. phoebus-♂* (Taf. Bd. I, R. e, 2. Fig.) wohl leicht versucht sein, für letzteren zu plädieren: der hintere Augenfleck ist bei *musagetes* wie beim typischen *phoebus* F.-♂ fast uns Doppelte kleiner als der obere, so daß eine frappante Aehnlichkeit mit *P. phoebus* vorliegt.

Forma *cuneifer* mihi f. u. 2 ♀♀ vom selben Platze. Hier sind die oberen Augenspiegel am Vorderrand der IIflgl. deutlich keilförmig gestaltet, bei einem Stücke mit der Keilspitze gegen die Basis, beim zweiten nach auswärts zu. Die Keile haben eine Form wie dies die Seitzsche Abb. (Taf. Bd. I, Taf. 13, R. d, 1. Fig.) von *corybas* (hinterer Augenspiegel) zeigt. Außerdem sind beide Stücke gelbgespiegelt, gehören also der Entwicklungsrichtung *flavomaculata* Deck. an.

Forma *flavalbidomaculata* mihi f. n. 2 ganz frische ♂♂ und 1 prächtiges, völlig frisches ♀ der Richtung *majuscula, cuneifer, bispupillata, ampliusmaculata* (+ trs. ad *psrudonomion* und *tenuicincta*). Nicht wie *flavomaculata* Deck. s a t t g e l b, sondern h e l l g e l b, besser gesagt s e h r h e l l g e l b l i c h w e i ß geäugt mit mächtiger blendendweißer Kernung, auch die großen, keilförmigen Vorderrandspiegelflecke deutlich und grob weiß aufgeäugt. Die Vflglunterseite trägt überdies h e l l g e l b e *pseudonomion*-Auszeichnung, die Augenmakeln der Hflglunterseite sind groß, weiß und nur fadendünn gelb und darauf ebenso zart schwarz gesäumt.

Forma *rubidochraceomaculata* mihi f. n. 3 ♀♀ Aspromonte, Mitte Juli 1920, 1850 m. Eine weitere, bis nun nicht notierte Farbnuancierung der Augenspiegel. 2 dieser Belege gehören f. *lepidaporius* + *nigricans* Caradja + *subcentrica* Trti. an. Alle drei sind f. *appendiculata*, eines *bispupillata*, ein anderes *nigricans cuneifer pseudonomion*, diese letztere Auszeichnung jedoch nicht in Rot wie beim Typus, sondern ebenfalls, wie die Spiegelflecke, in Gelb. Dieses letztere Stück mit den Merkmalen von *nigricans, appendiculata, cuneifer + pseudonomion* (g e l b) ist wohl das Glanzstück meiner ♀♀-Serie und sei dem Entdecker von *pumilus*, Herrn Redakteur H. STICHEL-Berlin, zu Ehren als f. *Sticheli* mihi der f. *rubidochraceomaculata* unterstellt. Der Farbenton der Augenflecke dieser 3 ♀♀ muß am treffendsten mit Z i e g e l r o t b i s H e l l o c k e r g e l b bezeichnet werden, stimmt keineswegs mit dem gemeinen Gelb der *flavomaculata* und noch viel weniger natürlich mit dem T i e f r o t der übrigens sehr zu Unrecht „*brunneomaculata* Stich." getauften Farbaberration überein. Alle drei Stücke sind nebenher noch f. *interteyta*, eines noch f. *falcata*.

Daß hiermit der bewegte Formenkreis von *pumilus* abgeschlossen erscheint !), ist nicht anzunehmen. Die außerordentliche Variabilitätsneigung dieser i n s i c h so charakterfesten und markanten Aspromonterasse läßt mit Sicherheit noch weitere Abweichungen vom Typus und den vielen bis jetzt bekannten Formen davon erwarten. In meiner heurigen Ausbeute kommt k e i n e i n z i g e s S t ü c k dem anderen völlig gleich und doch wird jeder Anfänger in jeder noch so abweichenden Form den Typus nicht verkennen können. Später soll noch ausführlichst die Rede von diesem „goldenen Vließ" Süditaliens sein. Wir werden in der Folge zugestehen m ü s s e n, daß bei *apollo* nicht allein L o k a l r a s s e n t u m, sondern — wie ich am *pumilus* zu beweisen imstande bin — auch A n n u a l d i c h r o i s m u s an der Tagesordnung ist. Während ich 1914 unter mehreren Hunderten von *pumilus* nur ein einziges ♀ f. *flavomaculata* Dech. feststellte, bestand die heurige Ausbeute zu etwa 6% aus flavescenten Formen (*flavo-, flavalbido-, rubidochracro-maculata*): außerdem konnte ich bis jetzt in meiner 1920er Ausbeute sogar mehrere ♂♂ *flavomaculata* feststellen, die 1914 gänzlich fehlten. Und um das Maß meiner Behauptung voll zu machen, bestand meine 1920er Serie zum größten Teile aus *intertexta*, sehr häufig

1) Herr Rechtsanwalt FEUERHERDT-Altona, dem ich eine *pumilus*-Serie abgetreten habe, wird eine weitere Abweichungsform: *uniformis* mit genau gleich großen Spiegelflecken beiderfalls abtrennen; meine Serie enthält davon noch 4 ♂♂ und 2 ♀♀ mit den Kombinationen *depupillata, bispupillata* und *interteyta*.

auch im ♂, während 1914 auch diese transitierende
Flaveszenzform sehr rar mit nur etwa 1—2% vertreten sein mochte.

Forma *chrysoptera* mihi f. n. 1 ♂ 8. VII.
Montalto, 1800 m. Der Superlativ von Gelbfärbung,
das ganze Tier tiefdunkelgelb, fast braungelb, also
die g e l b l i c h e *chryseis* Trty. noch weit übertreffend. Auch die Unterseite durchweg gleich tiefgelb.
Außerdem gehört dieses Stück noch der Entwicklungsrichtung *minuscula* + *semiluctifera* Trti. an.

Forma *novaraeformis* mihi f. n. 1 ♂ Anfang
Juli, vom selben Platze der Richtung *minuscula* +
chryscis + (trs.) *trimacula* Schaw., der vordere Augenspiegel auf ein schwarzes Pünktchen reduziert, bei
dem von der Unterseite her aus der *inaequata*-Zeich-
nung basalseits ein roter Schimmer durchleuchtet
wie bei *semiluctifera* Trti.; der hintere Augenspiegel
ist auf ein sehr kleines tiefkarminrotes Pünktchen
mit kräftiger schwarzer Umrandung reduziert. Dieses
Stück stellt daher das Extrem von *semiluctifera*
Trti. dar.

Parnassius mnemosyne calabricus Trti.

Forma *falcata* mihi f. n. liegt mir in 3 ♂♂
und 1 ♀ vor. Analogie zu *pumilus falcata* Trti.
Typen Aspromonte 1600 m, Anfang Juni 1920.

Forma *Turati* mihi f. n. typisch nur in einem
♀ vorliegend, in Uebergängen beim ♀ nicht selten,
seltener im ♂. Alle Schwarzzeichnung der Hflgl.-
Ober- und Unterseite vom Basisanfang bis zum Vorderrand durch Verbindung zwischen allen Makeln
fortlaufend, ununterbrochen.

Forma *megalomanos* mihi f. n. alle schwarzen
Makeln fast ums doppelte vergrößert, so groß wie
bei *gigantea* Stgr. (Seitz, Tfl. Bd. I, Taf. 10) oder
manchmal noch größer, das Schwarz auch auf der
Hflgl.-Oberseite dick, kräftig und nicht verschwommen aufgetragen. Fast 20 % meiner 1920er Ausbeute gehören dieser Luxusform an, die 1914 weit
seltener gewesen zu sein scheint.

Forma ♀ *addenda* mihi f. n. ebenfalls Luxusform; am Hflgl.-Innenrand erscheint ein deutlicher
schwarzer Additionalfleck, so daß der Vflgl. dreige-
fleckt ist. 2 ♀♀ vom selben Fundorte i. coll. mea.

57:16.9

Liste neuerdings beschriebener und ge-zogener Parasiten und ihre Wirte. VII.

(Fortsetzung.)

Schizoloma amictum	Xylina rhizolitha
capitatum	Smerinthus populi
Scleroderma domesticum	Phloeosinus thuyae
immigrans	Caryborus gonagra
Secodella acrobasis	Acrobasis nebulella
Semiotellus cupreus	Megachile ceutuncularis
Serphus obsoletus	Stelidnota strigosa
Sesioplex validus	Hyphantria cunea
Sigalphus canadensis	Coccotorus scutellaris
Signiphora flavopalliata	Lepidosaphes beckii
Sinicra sispes	Stratiomys cameleon
	longicornis
Spalangia drosophilae	Drosophila sp.

Spalangia haematoliae	
— philippinensis	
— quercilanae var.	
dorsalis	
—	
Spathius pedostris	
— rubidus	
Spilochalcis debilis	
— delira	
— mariae	
Spilocryptus polychrosidis	
Stemmatosteras apterus	
gracilicorpus	
pertorvus	
Sycosoter lavagnei	
Sympiesis ancylao	
— chenopodii	
— nigrifemora	
nigripes	
—	
stigmatipeunis	
uroplatae	
Synergus mendax	
Syntomosphyrum esurus	
orgyiae	
Systasis diplosidis	
Systellogaster olivora	
Tanaomastix abnormis	
— alticlavata	
claripennis	
Telenomus arzannae	
bifidus	
chrysopae	
elisiocampae	
coloradensis	
fiskei	
grapta^	
heliothidis	
ichtbyurae	
orgyiae	
pamphila	
podisi	
rileyi	
sphingis	
spilosomatis	
tinumocki	
Tetranemelia megymeni	
— var.	
brachyptera	
Tetrastichus ainsliei	
bruchophagi	

Haematobia serrata
Musca domestica
Ceroptres ficus
Philonyx erinacei
Anobium striatum
Sinoxylon sexdentatum
Hemerocampa leucostigma
Angitia plutellae
Callosamia promethea
Philosamia cynthia
Samia cecropia
Telea polyphemus
Polychrosis vitcana
Pseudococcus timberlakei
Opogonia glycyphaga
Pectinophora gossypiella
Hypoborus ficus
Ancylis sp.
Lithocolletis sp.
Tischeria malifoliella
Lithocolletis sp.
Tischeria malifoliella
Phthorimaea operculella
Uroplata suturalis
Andricus podagrae
Aletia argillacea
Hemerocampa leucostigma
Hyphantria cunea
Trypeta gibbosa
Hemerocampa leucostigma
Diplosis resinicola
Blatta orientalis
Pseudococcus sp.
ryani
Bellura gortynides
Hyphantria cunea
textor
Chrysopa spp.
Malacosonia americana
Hemerocampa leucostigma
Hoodes hypophlaeas
Polygonia interrogationis
progne
Telea polyphemus
Thymelicus cernes
Vanessa antiopa
Heliothis obsoleta
Melalopha inclusa
Hemerocampa leucostigma
Pamphila metacomet
Podisus spinosus
Chlorippe clyton
Phlegethontius sextus
Diacrisia virginica
Podisus spinosus
Megymenum insulare
Mordellistena sp.
Bruchophagus funebris

Tetrastichus caerulescens — Habrobracon gelechiae
dolosus — Eupleetrus comstocki
  platyhypenae
malacosomae — Malacosoma americana
modestus — Pyrameis atalanta
  Apanteles edwardsi
ovipransus — Blepharida rhois
productus — Mayetiola destructor
pyrillae — Pyrilla aberrans
saundersi — Thecla edwardsi
semidiae — Oeneis norna semidea
theclae — Thecla calanus
Thaumatotypidea spinulata — Thaumatotypus spinulatus
Pherion morio — Iphidicles ajax
  Vanessa cardui
  Zerene centenaria
Pheronia atalauta — Malacosoma neustria
fulvescens — Hemerocampa leucostigma
  Malacosoma neustria
  Portethria dispar
melauocephala — Epargyreus tityrus
  Halisidota maculata
  Portethria dispar
Thyreodon brullei — Sphinx coniferarum
Triaspis curculionis — Conotrachelus nenuphar
Trichogramma ceresarum — Ceresa bubalus
flavum — Lecanium hesperidum
intermedium — Aglais milberti
  Anosia plexippus
  Oeneis macounii
  Papilio turnus
— — Polygonia interrogationis
  Thanaos lucilius
minutum — Acrobasis nebulella
. Aletia argillacea

(Schluß folgt.)

Literaturbericht.

Alb. Tullgren und Elnar Wahlgren: SVENSKA INSEKTER, Stockholm 1920, Verlag von P. A. NORSTEDT und Söhne. Heft 1, Preis 22 Kr. (Mit neun farb. Tafeln und zahlreichen Illustrationen; in 4°, 176 p.)

Herrn T. LAURIN, dem Direktor des vornehmen Norstedtschen Verlages ist zur gelungenen wie vortrefflichen Ausgabe der schwedischen Insektenfauna aus der Feder der bekannten wie gediegenen Entomologen TULLGREN und WAHLGREN zu gratulieren. So international wie die Entomologie ist, so international ist auch der Dank, den man den beiden Verfassern für die zusammenfassende wie übersichtsreiche Zusammenstellung der gesamten schwedischen Insektennatur schuldet. Wenn man runde 90 Jahre sich zurückdenkt und die erste schwedische Entomologie in schwedischer Sprache von JOH. PONTÉN mit die schönen Norstedtschen Publikation von heute, der freilich erst das 1. Heft vorliegt, vergleicht, so sieht man mit welchen Siebenmeilenschritten — was? Siebentausendmeilenschritten! — jenes erste faunistische Lallen von dem heutigen

männlichen „Standardwerke", wie es richtig ein Freund von mir bezeichnete, distanziert wurde. Eine Lücke, die weit und breit gaffte und klaffte, haben die schwedischen entomologischen Dioskuren überbrückt; jetzt erst gewinnt man einen bisher unzugänglichen Ueberblick über das Gesamtbild der artenreichen schwedischen Fauna und kann allerlei Vergleiche, nicht zuletzt tiergeographische, mit der der übrigen paläarktischen Striche anstellen und daran selbst weiter arbeiten. — Das Illustrationsmaterial, das überwiegend original ist, ist vorzüglich — ein Verdienst von TULLGREN, der auch ein brillanter Zoophotograph ist. Die farbigen Tafeln aus der Hand des leider verstorbenen AXEL EKBLOM und seines Sohnes SVEN reihen sich in künstlerischer Auffassung und idyllischer Staffeleibildkomposition den „gestellten" Bildern aus „Brehms Tierleben" an. Der Raum gestattet leider nicht, näher auf die Fülle von Einzelheiten und Ueberraschungen einzugehen, denen man im 1. Hefte außer in einer originellen und populären Einleitung (wir heben dabei besonders den Abschnitt von Wahlgren über die Verbreitung der Insekten hervor) noch bei den *Protura*, *Diplura*, *Thysanura*, *Collembola*, *Dermaptera*, *Blattoidea*, *Odonata*, *Ephemerida*, *Plecoptera*, *Corrodentia*, *Mallophaga*, *Anoplura*, *Thysanoptera*, *Hemiptera* und Anfang der *Neuroptera* begegnet.

In der Einleitung vermissen wir jedoch leider eine, wenn auch flüchtige, Berücksichtigung der Kreuzungs- und Hybridationsexperimente und der damit verknüpften MENDELschen Regeln, wie auch der Thermobiologie; aber vielleicht wird sich dies noch bei Behandlung der Schmetterlinge, die für das Heft 2 in Aussicht gestellt ist, nachholen lassen. Auch hätten wir gerne außer einem Literaturnachweise, der wahrscheinlich für den Schluß gedacht ist, in kurzen aber scharfen Umrissen eine Geschichte der schwedischen entomologischen Literatur etwa wie aus AURIVILLIUS, freilich in Form einer Bibliographie, in die Einleitung zu seinem „Nordens fjär." eingefügt hat, gesehen. Da die schwedische Entomologie auf hervorragende Ahnen zurückblicken kann — die Namen DE GEER und LINNÉ sprechen allein schon ein gewichtiges Wort! —. Ahnen, in deren Fußspuren auch die an die liebe und teuere Scholle gebundenen beiden Bearbeiter der Fauna wandeln, so liegt kein Grund vor, das Werk dieser Ahnen zu verheimlichen.

Aber auch ohne diese historische Einleitung verbleiben die soeben besprochenen „Schwedischen Insekten", wenn sie im selben Geiste fortgesetzt werden, ein vollkommenes, großzügiges, monumentales Fresko, wo das Typische und Wesentliche mit geschickter, sicherer und erfahrener Hand akzentuiert festgehalten wurde. Hier wurde Geschichte gemacht! Denn schließlich und endlich ist doch diese schwedische Fauna mit ihren etlichen 35 000 Insektenarten, die hier zum ersten Male geschildert wird, zum großen Teile ein Werk einer über anderthalb Jahrhundert langen schwedischen Forschung. Sie ist ihre Geschichte!

F. Bryk.

Redaktion M. Rühl, Zürich VII. — Verlag des Seitz'schen Werkes (Alfred Kernen), Stuttgart. Druck von H. Laupp jr Tübingen.

I. April 1921.   No. 4.   36. Jahrgang.

Societas entomologica.

Gegründet 1886 von *Fritz Rühl*, fortgeführt von seinen Erben unter Mitwirkung bedeutender Entomologen und hervorragender Fachleute.

Toute la correspondance scientifique et les contributions originales sont à envoyer aux Héritiers de Mr. Fritz Rühl à Zurich VII. Pour toutes les autres communications, payements etc. s'adresser à Verlag des Seitz'schen Werkes (Alfred Kernen), Stuttgart, Poststr. 7.	Alle wissenschaftlichen Mitteilungen und Originalbeiträge sind an Herrn Fritz Rühl's Erben in Zürich VII zu richten, geschäftliche Mitteilungen, Zahlungen etc. dagegen direkt an den Verlag des Seitz'schen Werkes (Alfred Kernen), Stuttgart, Poststr. 7.	Any scientific correspondence and original contributions to be addressed to Mr. Fritz Rühl's Heirs in Zürich VII. All other communications, payments etc. to be sent to Verlag des Seitz'schen Werkes (Alfred Kernen), Stuttgart, Poststr. 7.

Die Societas entomologica erscheint monatlich gemeinsam mit dem Anzeigenblatt Insektenbörse. Bezugspreis laut Ankündigung in letzterer. Mitarbeiter erhalten 25 Separata ihrer Beiträge unberechnet.

---

57 . 89 Parnassius (1)

Neue und seltene Parnassius-Rassen.

Von *H. Fruhstorfer.*

P. apollo posthumus subspec. nova.
(P. apollo im Saaletal, Pagenstecher. Verbr. P. apollo 1909 p. 139).

♂ Gestalt kleiner — Flügel rundlicher, Grundfarbe etwas gelblicher als beim schlesischen *apollo*, der Rasse *albus* Rebel und der Form aus Stramberg. *posthumus* steht namentlich letzterer sehr nahe und differiert von ihr in der Hauptsache durch das fast gänzliche Verschwinden der Submarginalbinde der Vfgl., was namentlich unterseits zur Geltung kommt. Die Ozellen der Hfgl. sind etwas kleiner, nierenförmig statt rundlich wie bei *apollo* von Stramberg. Costalfleck klein, der zweite stärker verbildet als bei den Vikarianten von Stramberg, Schlesien, Teschen, Olmütz und Leipnik in Mähren. Der Innenrandsfleck auf der Submediana unbedeutender als bei sämtlichen genannten Formen. Die basale Partie der Hfgl. stark geschwärzt, entschieden markanter als bei den fränkischen und den mährischen *apollo*. Subanalstreifen schmäler als bei *melliculus* und *ancile*, jedoch prominenter als bei den Formen um *albus*.

Patria: Burk, Reuß im Saaletal. 4 ♂♂ von Herrn Thoss in Zeulenroda empfangen. Ein ♂ in Coll. Pagenstecher jetzt am Zoolog. Museum in München. Der Name *posthumus* wurde gewählt, weil er eine wahrscheinlich bereits völlig ausgestorbene Rasse umschreibt, von welcher ich nach briefl. Mitteilung des Herrn Thoss die letzten Exemplare empfangen habe, während er nach Dr. Fritz Regel in den 90er Jahren des vorigen Jahrhunderts noch ziemlich häufig angetroffen wurde. Interessant ist die große morphologische Differenz zwischen *posthumus* und seinem geographisch allernächsten südlichen Nachbar dem *P. melliculus* vom Staffelstein und die Analogie mit den territorial sich anschließenden schlesisch-mährischen Rassen. Nur die *graphica*-Bildung der Ozellen auf der Hfgl.-Unterseite verrät noch einige Beziehungen an die Vikariante *melliculus* aus dem fränkischen Jura.

Als ich vorstehende Zeilen schrieb, kannte ich die prächtige Arbeit Rebel's Annalen Naturh. Hofmuseums 1919 p. 59—85 mit drei Tafeln und einer Karte noch nicht. Ich hätte sonst die Form wahrscheinlich nicht benannt, weil sie trotz der weiten geographischen Entfernung sich ungemein, ja sogar überraschenderweise der ausgezeichneten Rasse *isaricus* Reb. aus Nordböhmen sich nähert. Immerhin sind Unterschiede nach den vorzüglichen Abbildungen Rebels beurteilt vorhanden.

P. apollo posthumus differiert von *isaricus* durch: rundlicheren Flügelschnitt, Glassaum der Vdfgl. breiter, kürzer. Submarginalbinde mehr in die Länge gezogen. Alle Schwarzflecken viel markanter, größer. Ozellen der Hfgl. rundlicher, prominenter schwarz umringt, Basalfeld um vieles dunkler, ausgedehnter schwarz bestäubt. Auch zum recht charakteristischen *P. apollo bohemicus* Rebel sind Beziehungen vorhanden. *Bohemicus* stammt aus dem Bielatal bei Teplitz-Schönau, wo A. H. Fassl eine höchst interessante Orthopteren-Ausbeute für mich 1919 vorlegte. Der Name *bohemicus* Rebel muß allerdings dem älteren *bohemicus* Fruhst. für eine *Parn. mnemosyne*-Rasse weichen, so daß ich hierfür den Namen *rentidius* vorschlage. Diesem *rentidius* gegenüber erscheint *posthumus* wesentlich größer, er hat wiederum bedeutend breiter ausgeflossene schwarze Makeln, größere und stärker schwarz umringte Ozellen und ebenfalls eine stärker verdunkelte Basalpartie der Hfgl.

P. apollo ancile Fruhst. von Berneck im Fichtelgebirge hat leider dasselbe tragische Schicksal wie *P. apollo posthumus* erreicht. An der einzigen Stelle des Fichtelgebirges, wo *ancile* vorkam, wurde er nach frdl. brieflichen Mitteilungen des Herrn Lehrer Poehlmann in Röhrenhof, Oberfranken „durch brutales Wegfangen seitens der Sommerfrischler, noch mehr aber durch die Dummheit einer Gärtnersfrau völlig ausgerottet. Letztere ließ die *ancile* durch Kinder einfangen, um die *apollo* den abreisenden Kurgästen auf das übliche Blumenbukel (noch dazu häufig lebend!) zu stecken. 1909 wurde das letzte Stück häufig erreicht. Ein bezirksamtliches Fangverbot kam zu spät, es gab nichts mehr zu schützen.“

Herr Poehlmann offerierte mir zwei ♂♂ *apollo* aus Berneck im Tausche gegen einen *Ornithoptera lydius* und einen *Morpho hecuba* — einen Vorschlag den ich allerdings ablehnen mußte, weil ich ca. 10 *ancile* aus Berneck darunter 6 ♀♀ besitze und die beiden Tropenfalter doch höher einschätze als einige *P. ancile* ♂♂.

P. apollo Rebellianus subspec. nov.

(P. apollo ancile Rebel l. c. p. 75—77, Fig. 25/26.)

Die von Rebel als *ancile* Fruhst. abgebildete Parnassiusform von Karlsbad ist nicht identisch mit *P. ancile*. Dieser schließt sich nämlich eng an *P. apollo melliculus* an, wenngleich er einen Uebergang zu den Formen der böhmischen und mährischen *albus* Vikarianten bildet. Das Exemplar, welches REBEL im Bilde vorführte (glücklicherweise auch von der Unterseite) aber schmiegt sich eng an *P. apollo ventidius* Fruhst. (bohemicus Rebel) an. Es differiert aber in verschiedenen Punkten sowohl von *P. apollo isaricus* Rebel wie auch von *ventidius*, so daß ich die Bezeichnung ***Rebelianus*** für diese Rasse vorschlage. Veranlassung zur Benennung gibt ein ♀, das sich in der herrlichen und in der Schweiz so wohl bekannten Sammlung HUGUENIN am Museum des Polytechnikums befindet, ein Exemplar, das Herr Photograph LINCK in gewohnter Meisterschaft bildlich darstellte [1]).

Das ♀ ist so kongruent dem von REBEL abgebildeten ♂ und zwar beiderseits, daß es fast überflüssig erscheint, es zu beschreiben. Daraus ergibt sich ohne weiteres, daß das ♀ androtrope Zeichnungsverhältnisse aufweist. Es nähert sich den androtropen *ventidius* ♀♀ wie sie REBEL darstellt, von denen es differiert durch das Ausfallen jedweder Festonsbinden der Hfgl., auf denen nur die Submarginal-Fleckenreihe der Unterseite durchschimmert resp. durch einige lose Schuppenanhäufungen angedeutet ist. Im übrigen gleicht es ganz dem ♂ fig. 25, von dem es auf den Hfgl. insofern geringfügig differenziert ist, daß die basale Bestäubung meines ♀ um vieles zarter aufgelegt erscheint als bei dem ♂ aus Karlsbad. Patria: ♂ Umgebung von Karlsbad, ob aus dem Tepler-Gebirge? ♀ Tabor an der Luznitz einem Nebenfluß der Moldau. Die heutige Type trägt ein Etikett: Durch Tausch hier erworben. Tabor/Böhmen.

P. apollo sicinius subspec. nova.

♂♀ habituell etwas größer als *P. apollo posthumus* und *albus* von Stramberg — aber kleiner als *silesianus* Marschn. Glassaum proximal stärker gewellt als bei *albus* und *posthumus* — die stark geschwungene Submarginalbinde viel prägnanter als bei *posthumus, albus, strambergensis*. Wie bei *albus* endet der Glassaum an der mittleren Mediana, während er bei *posthumus* sich bis zur hinteren verlängert.

Während beim *strambergensis* ♀ Glassaum und Submarginalbinde gelegentlich zusammenfließen — werden sie bei *sicinius* durch eine gelbliche Fleckenreihe getrennt. Hfgl. mit z. T. sehr undeutlichem Glassaum, die Submarginalbinde diffus, eigentlich nur durch Schuppenvereinigungen leicht angedeutet. Ozellen entschieden geringer schwarz umzogen als bei *albus* und sowohl beim ♂ wie auch bei den ♀♀ hinter jenen von *albus* sowie *strambergensis* in der Größe zurückstehend.

♂♂ Vdfgllänge 45 mm ♀ 48 mm. ♂ von *posthumus* 42—43 mm.

Patria: Umgebung von Teschen, Nordmähren. Eine namentlich beim ♂ hervorragende Form. Die Submarginalbinde der Vdfgl. ausgedehnter als selbst beim *P. apollo albus* (Rebel Fig. 19 l. c.). Das ♀ kommt am nächsten dem *albus* ♀, wie es REBEL t. 111 f. 8 von Würbental vorstellt, doch sind die Schwarzflecken bei meinem ♀ von Teschen noch ansehnlicher, die Submarginalbinde straffer, gerader verlaufend, die gelben Submarginalflecken gleichmäßiger, der Glassaum der Hfgl. entschiedener, breiter, schon am Apex der Flügel beginnend. Submarginalbinde ebenfalls den ganzen Flügel durchziehend, Ozellen kleiner, die Basalbestäubung aber viel intensiver die ganze Zelle umklammernd.

Thelymorphe ♀♀ aus Nord-Mähren differieren ganz erheblich von andromorphen ♀♀ von *albus* und *strambergensis* durch verbreiterten Glassaum, äußerst scharfe ausgedehnte tiefschwarze Submarginalbinde — die sich auf den Hfgln. in mäßiger Ausbildung wiederholt. Basalpartie der Hfgl. der thelymorphen ♀♀ entschiedener nachgedunkelt — Subanalflecken prominenter.

P. apollo marcomanus Kammel.

Zeitschr. Oest. Entomologenvereins IV p. 2—4, fl.—4, 1919 vermittelt in interessanter und gradueller Weise den Uebergang von mährischen *sicinius* zu *cetius* aus der Wachau. Glassaum schmal, proximal fast geradlinig und bis zur hinteren Mediana in einem Fall bis zur Hrdader vordringend. Submarginalbinde schmäler als bei *sicinius* länger als bei diesem und *posthumus* und ebenso wie bei *cetius* bis zur dritten Mediana ausgezogen. Ozellen kleiner als bei mährischen Exemplaren nur unmerklich weiß gekernt aber mit breit schwarzer Peripherie. Auf der Unterseite treten die Differenzialcharaktere viel deutlicher als oberseits hervor, insbesonders dokumentiert sich die Annäherung an *cetius* durch den Verlauf der Submarginalbinde der Vdfgl., die bei weitem nicht die Ausdehnung der Binde bei *sicinius* erreicht aber doch um vieles jene von *posthumus* übertrifft. Alle schwarzen Makeln kleiner als bei *posthumus, sicinius* und *albus*.

Patria: Hohenau von G. SEIDL empfangen. Eine Serie ♂♀ in Coll. Fruhstorfer, vermutlich aus dem Thayatal in Niederösterreich und Südwestmähren stammend. Durch die Entdeckung der thüringischen u. Teschener *P. apollo*-Rassen wird der Formenkreis des *P. apollo albus* wesentlich erweitert, so daß er sich in einem stumpfen Winkel vom Marchtal bis jenseits der Oder und dann am Gesenke und Riesengebirge entlang bis zur Saale erstreckt. Ein zweiter Verbreitungsherd findet sich am Fichtelgebirge, geht durch Nord- und Mittelböhmen und umfaßt den gesamten bayerischen Jura.

Rekapitulierend haben wir folgende *P. apollo*-Formen aus der *P. apollo albus*-Gruppe zu beachten:

P. apollo

- *posthumus* Fruhst. Thüringen, Saaletal. Ausgestorben.
- *ventidius* Fruhst. NW-Böhmen, Umgebung von Teplitz (bohemicus Reb.).
- *isaricus* Rebel. NO-Böhmen, Umgebung von Gablonz.
- *Rebelianus* Fruhst. (ancile Reb.), Umgebung von Karlsbad, Tabor.
- *albus Rebel*. Von Olmütz bis Leipnik. Abhänge der schles. mähr. Gesenke.
- *strambergensis* Skala. Stramberg. Ausgestorben resp. ausgerottet.
- *sicinius* Fruhst. Umgebung von Teschen, Nord-Mähren.

[1]) Abbildung erscheint im Archiv für Naturkunde.

P. apollo

marcomannus Kammel. SO-Mähren, NO-Nieder-Oesterreich.
silesianus Marschner. Schlesien. Ausgestorben.
Rabengebirge ♂♀ Coll. Standfuß Zürich.
friburgensis Niep. Salzgrund, Kynau. ♂♂ Coll. Fruhstorfer.
ancile Fruhst. Fichtelgebirge. Ausgerottet.
mellicnlus Stich. Fränkischer Jura. Regensburg bis Bamberg.
Nahe verwandt:
celius Fruhst. Wachau.
Luilpoldus Fruhst. (Maximilianus Fruhst.) Kofel bei Ober-Ammergau.

57 . 89 Yramea : 14 . 99

Yramea nov. gen.

A supplementary note to (antea): The androconial scales of **Yramea** (n. g.) **cytheris** (Drury).

By *T. Reuss*, Rüdnitz i. d. Mark.

Since the above mentioned note was written, I was able by the kindness of the Berlin Museum authorities to examine perfectly fresh specimens of *cytheris*, as well as specimens of *dexamene* Bsd. (= *Darwini* Stdgr.) and *inca* Stdgr., the latter a species living at high altitudes among the Bolivian mountains. Of *modesta* Blanchard, evidently the *dioides* of Boisduval, I only found two females and one might suspect they were the ♀ form of *dexamene* (which would be "*modesta* Bl." in this case), as *luthonioides* Bl. certainly is the ♀ form of *cytheris* (= *siga* Hbn.). *Hortensia* Bl. and *thecla* Stdgr. belong to *Euploieta* Doubl. *Argynnis Anna* Bl. is only a third synonym of *cytheris*, named and figured by Drury in "Illustrations of Zoology" in 1773, together with numerous other exotic insects.

The nomenclature of these *species* will require a chapter for itself. Of *cora* Lucas, which may only be a form of *inca*, I have not yet seen any specimens.

At present, after collecting and comparing the details of the natural specimens before me, which undoubtedly represent *three certain species* — evidently restricted in their distribution to *South America* — I am able to place them in a separate genus, **Yramea**, with *cytheris* as the type, which species up till now wandered among several genera of northern *Dryadinae* (*Dryades-Dryas*, Hübner, "Tentamen", 1805, IV, Type: *paphia*, has priority before *Argynnis*, Fabricius in 'Illiger's Mag.', vol. 6, 1807, Type (= firstnamed): *paphia* L., fitted exactly by the definition "Palpi — articulo secundo *ante* apicem¹) dilatato").

1) I cite this from the one existing, printed, never published, incomplete example (of the first 112 pages) of „Syst. Glossatorum" in Dohrn's Library, Stettiner Museum, sent to me by the kindness of the Museum authorities through Mr. E. Schmidt. The rest of the MSS. was lost. *Illiger* translated: „Palpen — das zweite Glied vor der inneren Spitze erweitert." This is the opposite to the real fact. „Ante apicem" signifies the „hohere Spitze". This fits *paphia* better than any other species, as its palpi are altogether not strongly dilated and therefore the apical sudden swelling becomes a *characteristic* of *paphia*. *Argynnis* for this reason falls as cotypical with *Dryas* Hbn. and cannot be used again.

None of the previous definitions of the genera (= *Argynnis*, *Boloria*, *Brenthis*) which have contained *cytheris* and with it the other South American species, took any account of the genital armature, nor were the wings ever searched for *androconia*, except for those visible to the naked eye in consequence of large accumulations on the veins. For these reasons the peculiarities of the South American species escaped detection, though Elwes, 1889, in "A Revision of the genus *Argynnis*", Trans. Ent. Soc., London, pointed out that "they were no doubt aberrativ". In truth, these purely South American species show such peculiar and primitive details that they can be said to form a group reminding of *Euploieta* by their genital armature and of *Dione* Hbn., Colaenis Hbn., *Metamandnaea* Stichel (all South American) by their peculiar androconia.

The generic details are as follows:
Yramea nov. gen., Type: *cytheris* (Drury).
1. Costal neuration of forewings. . "Vein 10 out of 7." This agrees with *Boloria* Moore, 1899, "Lep. indica", which is *Brenthis* (Hübner) Felder, 1861, „Neues Lepidopteron", 2nd Section of the genus, with *pales*, *cytheris* (expressly mentioned), but not *Brenthis* Hübner, 1816, „Verzeichnis", Type: *hecate*. The details of the latter, which with *daphne* and *ino* comprises the genus, are totally different and the costal venation itself is *variable* in all three species.
2. Palpi. They are dilated, and not only „ante apicem", as in the definition of *Argynnis* by Fabricius.
3. Shape of wings. The species agree in this respect fairly well with the wellknown *Euthora latonia* L., though the wings are rounded off in two species, one of which, *inca*, lives at very high altitudes. The costal margin of the hindwings is broadly lobed adjoining the body — generally much more so than in *latonia* — and this is followed by a deep incavation of the whole marginal outline. In some varieties of *cytheris* the detail is nearly lost — as is also the case in the two female „*dioides* Bsd.", which I have seen. Also in the mountain species, *inca*, it is inconspicuous in the ♂, but the ♀ preserves the peculiarity. This unique detail, which has been given little attention (except by Elwes, who tried to separate *modesta* and *cytheris* by it, l. c., not being aware of its variation in each species) is not found in any other genus, a mere indication of the same development being visible in *latonia*.
4. Androconia. Only the type species, *cytheris*, has these peculiar scales. They are distributed on six forewing veins, m₁—m₃, cu₁, cu₂, ax, and even in fresh specimens are scarcely discernible to the naked eye. The androconia strikingly resemble in habitus the plumules of other South American genera, a long thin filament connecting the spoon-shaped transparent "head" and brownish, broadly lobed base. The detail is a most remarkable one, recurring nowhere except in South American genera, which F. Müller was quite justified to count as Heliconid (*Dione*, *Colaenis*, *Metamandaea*).
The scales do not appear to vary otherwise than in the lengthning or shortning and broadning out of the neck between base and apex. Though so

different from the androconia of North American Dryadinae, (= *Acidalia* Hbn., 1816, Type: *cybele* F. Some 50 named forms in the American and *aglaia* L., *alexandra* Men., *clara* Bl. in the palaearctic section.), they are yet nearer these arrowshaped, two-color androconia than to the palaearctic hairshaped kinds, to which they bear no resemblance. Thus the separate Continents have "their" peculiar androconia!

The very numerous various-sized tectile scales, the largest of which are longer than the androconia and a third the width of the common scales, are of the general wing color with a rounded or forked apex (vide antea).

5. Sexual armature. a) Tegumen. This ends in a simple, curved and pointed hook much like in *Rathora* Moore and *Kükenthaliella* m. (= *Boloria* part.), Type: *gemmata* Btlr. The hook is not cleft or double as in *Brenthis* Hbn., *Boloria* Moore (Type: *pales*) and *Clossiana* m. (= *Boloria* part.), Type: *selene* Schiff.

b) Valvae. These consist each of a single chitinous membrane or plate, only narrowly turned in or folded along the lower margin to the apex and are nearly circular in shape. They compare better with *Euploiela* valvae than with those of any other genera.

The upper margin is chitinised more strongly near the tegumen, where it *projects* inwards, thornlike in *dexamene*, but rounded off in *cytheris* and *inca*; it is not *curled* or *folded* inwards and there fastened down like in all other genera with which *cytheris* has been connected heretofore. Just before the apex the upper margin again becomes horn-like and develops a strong forked hook (two points!) turning inwards and downwards over the lower marginal fold. One of the two points — the distal one — almost rests against the aforesaid-fold (*cytheris*, *dexamene* or *Darwini*) while the proximal hook turns off at right angles, pointing inwards. In *inca* the points of the hook are short and clawlike, but otherwise there is no essential difference.

Thus the valvae and tegumen agree in all three species in their general primitive design, the details of which, compared with any in any groups of related species, easily bring them together under the new generic heading[1]). It will next be necessary to show up the genera of the northern *Dryadinae*, within which the southern *cytheris* was first described, on the same background of details for comparison.

57 : 16 . 9

Liste neuerdings beschriebener und gezogener Parasiten und ihre Wirte. VII.

(Schluß.)

Trichogramma minutum — Anosia plexippus
— — Basilarchia archippus
— — Heliothis armigera
— — Odontota suturalis
— — Papilio glaucus

1) Oval, larval and pupal stages apparently unknown. It would be important to know whether the larvae perhaps feed on passion-flower as well as on violet.

Trichogramma minutum — Plusia brassicae
— — Pteronidea ribesi
— — Vanessa atalanta
— pretiosa — Cosmophila erosa
Trichogrammoidea lutea — Carpocapsa pomonella
— — Enarmonia batrachopa
Trichomma enecator — Acrobasis consociella
— — Earias chlorana
— — Lymantria dispar
— — Tortrix spp.
Trichopria agromyzae — Agromyza tritici
Trigonogastra agromyzae — — phaseoli
Trigonura californica — Chrysobothrus sp.
Trioxys cerasaphis — Macrosiphum pisi
Trissolcus brochymenae — Brochymena arborea
— euschisti — Euschistus servus
— murgantiae — Murgantia histrionica
— podisi — Podisus spinosus
— thyantae — Thyanta custator
Trogus brullei — Dolba hylaeus
— — Smerinthus astylus
— fletcheri — Papilio eurymedon
— fulvipes — —
— — — troilus
— — — turnus
— lutorius — Smerinthus ocellata
— obsidianator — Papilio polyxenes
— — vulpinus — —
Trybliographa anthomyiae — Phorbia brassicae
Trychosis tunicula-rubra — Gelechia gallaeasteriella
Trydymus aphidis — Lasioptera vitis
Tumidiscaphus oophagus — Oxya velox
Uscana semifumipennis — Caryoborus gonagra
Xylophruridea luctuosus — Agrilus champlaini
— — — vittaticollis
Zagrammosoma flavolineatum — Phthorimaea operculella
— multilineata — Leucoptera coffeella
— — Lithocolletis ornatella
— — Tischeria malifoliella

Entomologische Neuigkeiten.

Die Gallen von Rhus glabra werden von Chippaway-Indianern zu medizinischen Zwecken verwendet. Die Medizinmänner sammeln sie im Spätsommer und benützen sie als ein Mittel gegen Diarrhoe, aber auch zu Pflastern zur Heilung von Brandwunden scheinen sie zu dienen. Die Gallen enthalten Tannin und wirken zusammenziehend.

In einer Flasche mit Milch, die fest verkorkt war, fanden sich eines Tages einige dreißig Gebilde, die aussahen wie Samen einer Pflanze, am Glas befestigt. Bei der Untersuchung stellte es sich heraus, daß man es hier mit den Puppen einer Drosophila-Art zu tun hatte. Die Fliegen müssen ihre Eier in die Flasche gelegt haben, als diese entleert irgendwo herumlag, wahrscheinlich zogen die in ihr enthaltenen Reste sie an — die Larven haben sich dann in der wieder gefüllten Flasche ausgebildet und zu Puppen verwandelt. Da die Nachforschung mehrere weitere derartige Gläser ergab, muß die Reinlichkeit in dem betreffenden Betrieb nicht groß gewesen sein.

Redaktion M. Rühl, Zürich VII. — Verlag des Seitz'schen Werkes (Alfred Kernen), Stuttgart. Druck von H. Laupp jr Tübingen.

Societas entomologica.

Gegründet 1886 von *Fritz Rühl*, fortgeführt von seinen Erben unter Mitwirkung bedeutender Entomologen und hervorragender Fachleute.

Toute la correspondance scientifique et les contributions originales sont à envoyer aux Héritiers de Mr. Fritz Rühl à Zurich VII. Pour toutes les autres communications, payements etc. s'adresser à Verlag des Seitz'schen Werkes (Alfred Kernen), Stuttgart, Poststr. 7.	Alle wissenschaftlichen Mitteilungen und Originalbeiträge sind an Herrn Fritz Rühl's Erben in Zürich VII zu richten, dagegen direkt an den Verlag des Seitz'schen Werkes (Alfred Kernen), Stuttgart, Poststr. 7.	Any scientific correspondence and original contributions to be addressed to Mr. Fritz Rühl's Heirs in Zürich VII. All other communications, payments etc. to be sent to Verlag des Seitz'schen Werkes (Alfred Kernen), Stuttgart, Poststr. 7.

Die Societas entomologica erscheint monatlich gemeinsam mit dem Anzeigenblatt Insektenbörse. Bezugspreis laut Ankündigung in letzterer. Mitarbeiter erhalten 25 Separata ihrer Beiträge unberechnet.

57.89 Parnassius (4)

„Parnasslana".

Parnassius mnemosyne L. in Europa.

Von *Felix Bryk*.

z) Die nordischen Rassen

(mit 5 Abbild.).

Angeführte Schriften.

I. Aro, J. E., Suomen perhoset, 4°. Helsinki, 1900; (p. 260).

II. Aurivillius, Chr., Nordensfjärillar 4°, (1888 bis 1891).

III. Bryk. F., „Parnassiana" V, in: Soc. ent. Vol. XXVII—XXXIV. [NB. die zitierten Suitenzahlen beziehen sich auf die des Sep. (Parnassius Mnemosyne in Asien, 1919)].

IV. Bryk, F., Noch einmal der Linnésche Apollo, in: Soc. ent. Vol. 28 p. 4, 1913.

V. Bryk, F., Apologie d. bew. v. m. aufgest. Synonyma, in: „Iris" Vol. 27, p. 147 ff. 1914.

VI. Bryk, F., Linné und d. Parnassiologie, in: Svensk. Linné-Sällsk. Jahresschr. Vol. II p. 126 ff. 1919.

VII. Esper, Eug. J. Chr., Die Schmett. in Abbild. n. d. Natur etc. Vol. I 1777.

VIII. Fruhstorfer, H., Neue Rhop. aus d. Samml. Leonhard, in: Arch. f. Nat. Vol. 82 A 2, p. 27, 28. 1916.

IX. Fruhstorfer, H., Eine neue deutsche Parnassius-rasse, in: Soc. ent. Vol. 31 p. 49. 1916.

X. Klöcker, A., Sommerfugle 1908; (p. 41 T. II f. 42 (♂)).

XI. Ljungdahl, D., in: Ent. tidskr. 1916, p. 72—73, 1918.

XII. Lord Rothschild, in: Nov. Zool. Vol. XXV, p. 220.

XIII. Conte Turati, E., in: Nat. Sic., Vol. XX 1907; (T. II f. 9 1 (♂), (♀)).

XIV. Uddman, Is., Nov. ins. species, Aboe 1753.

XV. Verity Roger, Rhop. pal., (klein fol.), Firenze 1905—1911.

XVI. Wallengren, H. D. J., Lep. Scand. Rhop., Malmogiae, 1853; (p. 167—168).

XVII. Westerlund, C. G., Bidrag .... Ronnebytraktens Faun. Flor. 1890 (p. 98).

Der „Weltkrieg", wie sich stolz das internationale Morden in Europa nennt, hat unter vielen Nebenfragen auch die Ålandsfrage aufgerollt, die indirekt in die Nomenklatur von *Parn. mnemosyne* eingreift. Aus dem langwierigen Aktenkriege zwischen Finnland und Schweden geht nämlich mit Sicherheit hervor, daß Åland vor 1809 zeitweise kein integrierender Teil Finnlands (*sensu stricto*) war, sondern eine Landschaft für sich. Unter der Linnéschen Patria: „*Finlandia*" darf ergo jeder andere Teil der jetzigen Republik verstanden werden, nur nicht Åland! Zum Glücke habe ich (III) bei Festsetzung der Nominat-

form auch einige Pärchen des Falters aus Süd- und Westfinnland beschrieben und abgebildet, die aber zwei verschiedenen Rassen angehören (Bryk V p. 148), so daß ich mich zunächst für eine der beiden Formen zu entscheiden habe, welche von beiden etwa als „typisch" aufzufassen wäre. Nach der Esperschen Abbildung der Linnéschen Type (VII: T. 1 f. 3 (♀)), die von mir zum zweiten Male abgebildet wurde (Bryk VI), haben wir in der Linné-Uddmanschen Mnemosyne eine androtrope Rasse vor uns [1]). Nun ist eine der beiden in Frage kommenden Rassen gynaikotrop, nämlich die westfinnländische (Pargas, Abo), so daß nur die andere, nicht gynaikotrope aus Helsinge (III Fig. 1 p. 1) als Nominatform in Betracht kommt. Uddman (XV) hat freilich die Art, (sohin auch Form) in Tavastland entdeckt und seinem Lehrer Linnaeus Exemplare davon mitgeteilt. Leider konnte ich bis heute kein Exemplar aus Tavastland auftreiben, ja die Art scheint dort bisher nicht wieder aufgefunden worden zu sein, wenigstens erwähnt Aro (I) in seiner ziemlich ausführlichen faunistischen Tabelle Tavastland als Patria des Tieres nicht. Die Rasse aus Südfinnland erhebe ich nun zur Nominatform, indem ich mich dabei auf den heiligen Pentateuch der internationalen Nomenklaturregeln stütze, auf Linnés X. Auflage des Natursystems, wo ausdrücklich Finnland nur als Patria angegeben wird [2]). Ich benenne sie var. *genuina* m.

Die gynaikotrope Rasse von der Insel Nagu, der sich die Stücke aus Åbo, Pargas, Kakskerta völlig anschließen (Bryk III: p. 9, 10, Fig. 4), bilden eine Form für sich, die sich von den ostfinnischen Weibchen (v. *karjala* Bryk) durch breiteres oft glasige Bestäubung der Vorderflügelwurzel, sowie Vorhandensein der Kappenbindenelemente auf Hinterflügeln unterscheiden. Die ; hingegen haben nur den oblongen, vorne an den Diskus angelehnten Diskalfleck karelisch, sonst gleichen sie im übrigen den Åländern. Diese Form soll *perkele* m. heißen (Typen 2 ♂ 5 ♀ c. m. leg. Erkko). Wie die dortige urgermanische Inselbevölkerung, so

1) In Bryks Aufsatze (VI p. 133, 139) ist irrtümlich gynaikotrop anstatt androtrop zu lesen. (Vgl. Nachtrag, ibid. Vol. IV 1921.)

2) Die Benennung von v. *ugrofennica* Bryk erweist sich nun selbst nach den Reduplikationsaufzugsregeln für berechtigt! Also keine Blamage für den Täufer! Nicht „unnötz", wie Herr Sheljuzhko (III, p. 11) erklärte.

zeigt die Inselmnemosyne von Åland einen faunistischen Zusammenhang mit dem schwedischen Festlande. In BRYK III (p. 29, 30, 36) hatte ich bereits einige Merkmale der von mir untersuchten Ausbeute aus Åland (1912) mit den Fundorten (Klimten, Mökelö, Kungsö, Romsholm; alle leg. BRYK 1912 c. m.) aufgezeichnet. Die ♂, ohne jeden Subkostalfleck auf Vorderflügeln, die selten sind, benenne ich Herrn BENANDER zu Ehren, der mir eine ähnliche Form aus Südschweden zugeschickt hat f. *Benanderi*, (Type: 2 ♂ aus Klimten, Mökelö c. m.; 1 ♂ aus Backa c. m.; 1 ♂ aus Südschweden, leg. BENANDER c. m.). [Vgl. BRYK, III p. 30.] Diese Form ist in meiner Sammlung auch in ♂ aus Böhmen, Mähren, Serbien, vom Mont Cheiront vertreten. — Im Scherenhofe von Stockholm und mehr nordwärts, fliegt der Falter in einem Kostüme, das sich stark an das von *ugrofennica* anschließt. Die Weibchen sind in der Regel kleiner und noch mehr ausgesprochen androtrop als die Ålanderinnen. Fig. 1 (leg. BRYK in Backa auf Björkö, 30. VI. 1918; c. m.) zeigt außer den beiden Zellmackeln (Vdflgl.) und der Hinterrandsschwärze (Hflgl.) überhaupt keine sonstigen Ornamente! Solche ♀ ohne jede Hinterflügeldekoration (also auch intakt!) müssen f. *inrerva* heißen. Unter

jagden in Roslagia war: f. *Romani*. Typen (6 ♀ aus Backa, 1 ♀ von Graddö; 7 ♂ aus Backa, 2 ♂ aus Rådmansö, 2 ♂♀ aus Singö c. m.). Kotypen in Koll. FRUHSTORFER, OBERTHÜR, KOLAR. Der Falter, der nur lokal auftritt, scheint sehr vereinzelt vorzukommen. Mit Ausnahme von denen der Insel Singö, wo sie von Herrn Adjunkten RINOSELLE gefangen wurden, habe ich alle übrigen Falter selbst während der Jahre 1917, 1918, 1919, 1920 (auf Björkö, Gräddö, Rådmansö) gesammelt und in allem nur 7 ♀ (6 ♀ auf Björkö, 1 ♀ auf Gräddö) erbeutet. Auf Åland oder in Karelen kann man dies an einem Tage bekommen. In Gårdsnäs, auf dem Herrschaftsgute von Herrn Direktor G. CORNELIUS, habe ich nur 1 ♂ erbeutet. Mit gewissem Fug nennt WALLENGREN (XVI) *mnemosyne* als den seltensten Falter Schwedens. Die Flugzeit dauert von Mitte Juni bis Mitte Juli. LJUNGDAHL (XI) hat mehrere frisch geschlüpfte ♂ anfangs August erbeutet — aber keine ♀ [1]).

Nach AURIVILLIUS (II), BRYK (IV) ist Mnemosyne nordwärts bis nach Medelpad (zwischen 62° — 63°), der Küste entlang verbreitet. Stücke von dort sind mir bisher unbekannt. Es würde mich aber nicht verwundern, wenn deren Entwicklungslinie gynaiko-

Fig. 1. *Par. mnemosyne* L. f. *Romani* Bryk *inversa* ♀ (Type). Dr. ROMAN phot., etwas verkleinert.

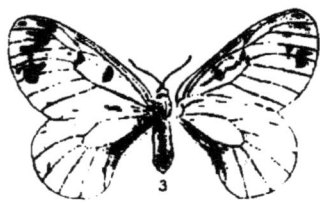

Fig. 3. *Par. mnemosyne* L. f. *Romani* Bryk ♂ (Kotype). F. BRYK, del.

alles in allem von mir auf Björkö erbeuteten 6 ♀ gehören zwei der f. *inversa* an. Das Subkostalfleckchen ist zum einzelligen Glasflecke reduziert, dadurch sofort von *ugrofennica*, wo das Bändchen bis M₂ in der Regel reicht, verschieden. Unter allen 7 ♀ meiner Sammlung ist nur bei zwei ♀ zwischen M₁ und M₂ die Verlängerung des Bändchens unauffällig verlängert. Hinterflügel mit reduzierter Fleckung, die, wie man sah, völlig ausbleiben kann. Der Zellendfleck mehr oder weniger deutlich, meistens einzellig (viereckig) angelehnt — bei *ugrofennica* zweizellig, hammerartig, nicht angelehnt. Die Verbindung zwischen Endzellfleck und Hinterrandsfleck, die bei *karjala* konstant, bei *perkele* überwiegend vorkommt, wurde bisher nicht beobachtet, muß sohin, falls einmal vorkäme, aberrativ sein. Die Männchen sind intakt, der reduzierte Subkostalfleck in der Regel frei, zwischen R₁ und R₂₊₃ angebracht (1 ♂ = f. *Benanderi*). Das Glasband breit bis M₃ abgekürzt, dann sich verjüngend bis Cu₁₁, den Saum erreichend; oder noch öfter bis Cu₁. Größe 33—34 mm. Diese Form benenne ich zur Erinnerung an meinen lieben Freund Dr. A. ROMAN, der mir ein treuer Begleiter und Zizerone (obs. horribile dictu nach neuer Orthographie mit Z!) auf den wiederholten Mnemosyne-

trop, etwa wie bei *perkele*, wäre. Im Süden ist die Mnemosyne in Schonen und Blekinge ziemlich verbreitet. In WALLENGRENS Lep. Scand. Rhop. (XIV) sind einige Fundorte angegeben.

FRUHSTORFER hat den südschwedischen *Parnassius* als var. *argiope* (FRUHST. VIII) angeführt. Als Patria gibt er Schonen an. VERITY (XV) hatte zuvor ein Pärchen aus Scania (Schonen) abgebildet. v. ROTHSCHILD (XII p. 220) hat als nova „subsp.?" 3 ♂♂ 1 ♀ aus Blekinge (Ronneby) mit der Diagnose: „The Swedish form of *mnemosyne* is considerably larger than any of my Finnish specimens" (= *ugrofennica* BRYK), „and is also much purer white especially in the ♀" mitgeteilt. Die Blekinger Tiere sind unbedingt namensberechtigt und von *ugrofennica, Romani* abzutrennen. Ich erhielt seiner Zeit ein ♂♀ von Herrn O. BANG-HAAS aus Blekinge zugeschickt, wagte aber nach einem Paare keine neue Rasse aufzustellen, wie dies nun in Mitteleuropa zum Brauche wurde; REBEL hat sogar neulich nach einem, dazu aberrativen Appollo-♂ eine Rasse kreiert! — Es . . . . . .

1) Eine Mnemosynlarve, die ein schwedischer Entomologe (in: Ent. Tidskr., Vol. 39, p. 33, 37) im August gefunden haben will, muß wohl falsch determiniert etwa mit einer frisch geblüteten Apollolarve (?!) verwechselt worden sein.

liegen mir außerdem 3 Exemplare (1 ♂, 2 ♀, im Besitze des Riksmuseums) vor. Das ♂ davon ist ein Riese; 37 mm, lunulatus schwach ausgeprägt. Glasband wie bei *Romani*; Endzellfleck einzellig angelehnt, dadurch von f. *Romani* verschieden, die stets intakt sind. Daß aber die ♂ weiblich gezeichnet wären und also kein Zeichnungsunterschied zwischen ♂ und ♀ vorhanden wären, wie es WALLENGREN (XVI) angibt, stimmt nicht. Das hat übrigens schon WESTERLUND (XVII) berichtigt, der gleichzeitig sehr interessante phänologische Daten mitteilt. Die beiden ♀ (31 mm, 33 mm) haben ein um eine Zellenbreite kürzeres G l a s b a n d als f. *Romani*, also bis Cu₁₁, von einem Lunulatuselemente hinten in der Regel belebt. Subkostalbändchen bis M₁. Hgfl.: Subkostalfleck und Endzellfleck vorhanden. Hinterrandschwärze überschreitet Cu₂ nicht. — Mein ♂ ist völlig intakt und von ♂ aus den Schonen und sonst aus Nordeuropa nicht zu unterscheiden; der Mittelzellfleck im Vdflgl. frei, rund und nicht oblong wie er für *perkele*, *karjala* typisch, und bei *Romani* sehr oft vorkommt. Mein ♀ trägt freilich ein Glasband so lange wie bei *Romani*, also bis Cu₂, zeigt aber sonst alle Zeichnungen von *argiope* kräftig betont, das Subkostalbändchen bis M₂ und besonders die drei voneinander distanzierten Flecke in der Prachtbindentopik des Hinterflügels.

(Schluß folgt.)

57.62 Carabus (43.66)

Carabus alpestris latschuranus nov. subspec.

Von *Paul Born*, Herzogenbuchsee (Schweiz).

In seinem Werke „Die Käfer von Mitteleuropa", schreibt Ganglbauer, daß Carabus Hoppei Germ. wahrscheinlich die Urgebirgsform des Kalkalpen bewohnenden Carabus alpestris Strm. sei. Bisher war auch C. Hoppei nur aus dem Urgebirge bekannt gewesen.

Nun habe ich aber durch die Herren Konschegg und Meschnigg eine Anzahl C. Hoppei erhalten, welche dieselben in den südlichen Kalkalpen und zwar in einigen Lokalitäten des Latschur- Massives erbeutet haben, also südlich der Drau und zwar in einer abweichenden Form.

Diese Hoppei-Rasse unterscheidet sich von allen mir bekannten Formen dieser alpestris-Unterrasse durch besonders zierliche, schlanke, mehr zylindrische Gestalt, sowie durch viel spärlicher punktierte und deshalb glatte und glänzendere Scheibe des Halsschildes, ganz besonders aber durch den Umstand, daß das 6. bis 10. Fühlerglied des ♂ an der Spitze nicht knotig erweitert sind, wie bei den andern Hoppei-Formen. Färbung wie Hoppei Germ. heller oder dunkler kupfrig oder grünlich erzfarben bis schwarz. Größe geringer, als Hoppei Germ. nur 17—18 mm. Ich nenne diesen Käfer hiemit *Carabus alpestris latschuranus*.

Unter den Hoppei aus der Kreuzeck-Gruppe, also nördlich der Drau, finden sich schon hie und da ♂♂ mit nicht knotig verdickten Fühlern. Sonst weichen diese, den Uebergang zu latschuranus bildenden Exemplare aber nicht vom echten Hoppei ab.

—

Der von mir in der Societas entomologica, Jahrgang 30, beschriebene Carabus glabratus carinthianus wurde dieses Jahr von Herrn Konschegg auch auf dem Stubalpenpaß in Anzahl erbeutet. Ich erhielt eine kleine Suite dieser auffallenden glabratus-Form von ihm.

57 (494)

Tessiner Wanderbilder III.

Von *H. Fruhstorfer*.

An der äußersten Südspitze der Schweiz, dem Grenzorte Chiasso gegenüber, zieht sich eine leicht bewaldete Hügelkette, die in ostwestlicher Richtung verläuft. Da wo diese Hügelreihe in die Kulturebene von Balerna abfällt, erhebt sich ein von weither sichtbares Kirchlein — San Stefano. Diesem galten viele meiner Besuche im Jahre 1919 und nie lenkte ich vergeblich meine Schritte zu der sonnenverträumten Höhe.

7. Juli 1919.

Von Chiasso aus — wo reges Leben herrscht, weil ein riesiger neuer Bahnhof gebaut wird — dessen Unterführung ich zunächst passieren muß, geht es in westlicher Richtung über Nagelflluh durch ein kleines Wäldchen zum Dorfe Pedrinate. Vor dem Dorfe passiert man eine Sumpfwiese, aus der ein weißes Phyteuma herauswächst. Im Erlen- und Haselgebüsch am Rande derselben klopfe ich einige *Podisma Schmidti* Fieb. in das Streifnetz. Sonst ist nur *Stenobothrus parallelus* Zett. vorhanden. Der weit angelegte Ort Pedrinate bietet nichts Besonderes. Ich steige deshalb in nördlicher Richtung auf bequemem Wege durch Weinbergterrassen empor. Auf einem Höhenrücken angelangt, gerate ich in ein Gebölz von Zwergeichen und Akazien mit *Sarothamnus* und *Calluna vulgaris* als Unterholz, das einige grasige Plätze freiläßt. Larven von *Oedipoda coerulescens* L. und von *Platyphyma giornae* Rossi springen mir entgegen und an besonders heißen, trockenen Stellen recken Larven von *Mantis religiosa* L. ihre Hälse. In der Nähe des stolz hingebauten Kirchleins San Stefano (495 m) kommen mir *Pap. machaon* L. und *podalirius* L. entgegen, welche die Terrassen des Gotteshauses umkreisen und miteinander streiten, wenn sie sich begegnen. Im Grase fand ich eine merkwürdig schlanke, strohgelbe, manchmal auch grünliche Orthoptere mit kreideweißen Längsstreifen auf den kurzen Flügeldecken, die ich nicht kannte. Ich glaubte *Chrysochraon dispar* Hey. vor mir zu haben und fing etwa 30 Exemplare in diesem Glauben. Erst zu Hause angelangt, stellte ich fest, daß ich *Stenobothrus pulvinatus* Fisch. de W. vor mir hatte. Da war dann die Freude groß, denn die Art kannten wir bisher nur vom Rhonedurchbruch nahe Genf und sie mußte somit als neu für den Tessin so gar für die Schweiz gelten. *Pulvinatus* fing ich später auch bei San Agata und zwischen Ligornetto und Besazio in der Nähe von Mendrisio. Vermutlich wird sich *pulvinatus* im südl. Tessin auch an anderen, ihm günstige Existenzbedingungen bietenden Orten noch entdecken lassen, was mir auf dem Muschelkalkberg von Caslano im August 1919 auch gelang. Neben *pulvinatus* war *Caloptenus italicus* L. — ein höchst variabler Acridier — sehr häufig; eine Art, die ich im Vorjahr im Tessindelta als neu für den Tessin aufgefunden hatte. Der heutige Faug förderte somit einen weiteren neuen Standort dieser im Mediterrangebiet so gemeinen Art zutage. Oestlich geht *italicus* bis Kleinasien und Syrien und in Deutschland wird sie als Seltenheit in der Mark Brandenburg beobachtet. Hochbeglückt über diesen Doppelfund begab ich mich talwärts und fand nahe dem idyllisch gelegenen Friedhof von Pedrinate einen weiteren reichen Fangort. In den terrassenartig angelegten Kleefeldern wimmelte es von Cryptocephalus, sogar kleine Buprestiden waren häufig und Hemipteren und Hymenopteren einfach in Unzahl vorhanden. Um die Friedhofsmauern herum und auf den Stämmen von *Morus albus* L. spielten einige *Eumenis fagi albifera* Fruhst., während sich auf den zu tausenden vorhandenen Centaurea-Blüten *Melanargia galathea* und *Lycaena argus* wiegten. Ich folgte nun der Straße, die hart an der italienischen Grenze entlang führt und geriet in ein Kastanien- und Föhrenwäldchen, in dem einige Cikaden ihr im Tessin recht selten gewordenes Konzert anstimmten. Im Tale angelangt, rollte sich ein grandioses Vegetationsbild vor mir in einer Sumpfwiese auf. Hunderte von *Filipendula ulmaria* L. erhoben ihre weißen Fahnen, *Phragmites* und kieselgepanzertes *Equisetum* reichte mir bis zur Schulter. *Epilobium augustifolium* L. und *Gratiola officinalis* L. zierten das saftige Grün. Die Ulmaria aber waren von hunderten von Cetoniden und Cerambyciden bewohnt, unter denen ich reiche Ernte hielt. Kam dann an ein Bächlein, das von *Alnus*, *Salix* und Eschen umsäumt war, aus dem blauaugige *Veronica beccabunga* hervorlugten, *Callitriche palustris* L. im Wasser weich dahinflutete. Aus dem *Alnus glutinosa*-Gehölz holte ich *Podisma Schmidti* Fieb. in Anzahl, zumeist in copula heraus. Am Wasser zeigte *Tussilago* Blätter so groß wie ein Sonnenschirm und im Halbschatten hoher Bäume blühte eine *Gladiolus segetum* Ker. Das war nun ein großes Ereignis für mich, weil die Siegwurz aus der Nähe von Lugano nur durch ein Exemplar aus dem Herbarium von Lausanne aus den 40er Jahren des vorigen Jahrhunderts bekannt war. Auch sprach der Botanicus Voigt erst wenige Tage vorher mit mir darüber, daß *Gladiolus* wohl zu den durch die Kultur vernichteten Arten der Flora des Tessins gehören müsse. Kaum hatte ich diese botanische Seltenheit eingeheimst, als ich am Ufer eines Flüßchens im Haselnußgebüsch ein ♂ von *Barbitistes obtusus* Targ. herausholte, ein Tier, das sich hier, es war ungefähr 3 Uhr, auf Zweigspitzen sonnte. Mit ihren frischfarbenen Flügeldecken, den prächtig rostroten Beinen und dem smaragdgrünen am Thorax gelb linierten Körper, erschien mir die so seltene Locustide wie ein wahres Juwel, wie ein rosenroter Zukunftstraum. Auf einem Strauch gegenüber erbeutete ich dann noch ein ♀ der so spärlich vorkommenden Art, das erste Exemplar, das mir in die Hände geriet und das vermutlich zum musizierenden ♂ hinüberäugte. Mit hochklopfenden Herzen eilte ich dann über Novazzano nach Balerna, von wo aus mich der Nachmittagszug nach Lugano zurückführte. (Fortsetzung folgt).

57. 89 Eurycus (94 . 4)

Ein neuer Eurycus.

Von *Felix Bryk* (Finnland).

Ein konstantes Merkmal des sexuell digryphen ♀ von *Eurycus cressida* Swan. ist u. a., daß das Zellende des Hflgls. innen nicht dekoriert ist, während es bei den ♂ immer mit schwarz ausgefüllt ist. Ein ♀ (c. m.; N.S.Wales; ex Coll. O. Bang-Haas) ist in dieser Hinsicht männlich gezeichnet; es hat das Zellende innen mit dem braundumpfen Pigmente der Hinterflügelfarbe verziert. Solche ♀, die sehr selten sind, müssen *f. androgyne* heißen.

Entomologische Neuigkeiten.

In einem englischen Lazarett hatte ein ehemaliger Soldat ein künstliches Bein erhalten. Einige Tage darauf empfand er an seinem Stumpf ein eigentümliches Kitzeln. Als er der Ursache nachging, entdeckte er in Löchern der Innenfläche seines Beines die Köpfe von „Fliegen", die da herausguckten. Die Bestimmung ergab Xiphydria prolongata Geoffr., eine Tenthredinide.

Auf dem Sand an der Küste wurde bei Exmouth ein Exemplar von Calosoma sycophanta gefunden. Dasselbe muß vom Frankreich herübergeflogen sein. Der Käfer ist ein sehr guter Flieger und ist schon vereinzelt an Englands Küsten entdeckt worden.

Sirex juvencus ist in mehreren Exemplaren auf Neuseeland gefangen worden; dieses schöne Insekt ist wohl mit europäischen Hölzern eingeschleppt worden und bildet einen Zuwachs zu der sehr mageren Hymenopterenfauna des Landes.

In Huddersfield, Grafschaft York, ist im September 1919 ein Exemplar von Daphnis nerii gefunden worden. Bisher war die Art in diesem Teil Englands nur ein einziges Mal bemerkt worden.

Die Gattung Phlebotomus war bisher von den Philippinen unbekannt, während sie in Indien und auf Ceylon beheimatet ist. Nun ist die erste Art dort festgestellt worden (Phlebotomus nicnic n. sp.) und mit ihr die Wahrscheinlichkeit eines neuen, ernsten Faktors für die Existenz der Bevölkerung, denn es liegt die Annahme nahe, daß wir es hier mit einem Uebertrager ansteckender Krankheiten zu tun haben.

Um sich von den massenhaft auftretenden Pieris brassicae-Raupen zu befreien, holte ein Landmann aus den neuen Wald Körbe voll Ameisen und setzte sie in kleinen Partien in seinen Kohlplantagen. Am nächsten Morgen waren die Tierchen bereits in voller Tätigkeit, sie räumten unter den Raupen auf, daß es eine Freude war; wenn eine mit einer größeren Raupe nicht allein fertig wurde, flugs war eine Nachbarin zur Hilfe da; besser konnte keine Organisation geleitet sein. Es war so interessant, diesem Treiben zuzusehen, daß eine Menge Leute sich einstellten, um der Vernichtung beizuwohnen, die dann auch restlos durchgeführt wurde. Nach Beendigung ihrer Arbeit zogen sich die ganze Gesellschaft ohne erst eine freundliche Aufforderung abzuwarten, in den Wald, ihre Heimat, zurück und hinterließ keine anderen Spuren als die Dankbarkeit — denn die Kohlpflanzungen waren gerettet.

Redaktion M. Rühl, Zürich VII. — Verlag des Seitz'schen Werkes (Alfred Kernen), Stuttgart. Druck von H. Laupp jr Tübingen.

1. Juni 1921.   No. 6.   36. Jahrgang.

Societas entomologica.

Gegründet 1886 von *Fritz Rühl*, fortgeführt von seinen Erben unter Mitwirkung bedeutender Entomologen und hervorragender Fachleute.

Toute la correspondance scientifique et les contributions originales sont à envoyer aux Héritiers de Mr. Fritz Rühl à Zurich VII. Pour toutes les autres communications, payements etc. s'adresser à Verlag des Seitz'schen Werkes (Alfred Kernen), Stuttgart, Poststr. 7.	Alle wissenschaftlichen Mitteilungen und Originalbeiträge sind an Herrn Fritz Rühl's Erben in Zürich VII zu richten, geschäftliche Mitteilungen, Zahlungen etc. dagegen direkt an den Verlag des Seitz'schen Werkes (Alfred Kernen), Stuttgart, Poststr. 7.	Any scientific correspondence and original contributions to be addressed to Mr. Fritz Rühl's Heirs in Zürich VII. All other communications, payments etc. to be sent to Verlag des Seitz'schen Werkes (Alfred Kernen), Stuttgart, Poststr. 7.

Die Societas entomologica erscheint monatlich gemeinsam mit dem Anzeigenblatt Insektenbörse. Bezugspreis laut Ankündigung in letzterer. Mitarbeiter erhalten 25 Separata ihrer Beiträge unberechnet.

57. 89 Parnassius-(4)

„Parnassiana".
Parnassius mnemosyne L. in Europa.

Von *Felix Bryk*.

(Schluß.)

Die FRUHSTORFERsche *v. argiope* scheint mir mit den Ronnebystücken zusammenzufallen. Wenn keine Verwechslung in der Angabe der Patria vorliegt, so muß es sich um eine an Blekinge angrenzende Gegend in Schonen handeln. Jedenfalls hat Herr O. BANG-HAAS, von dem FRUHSTORFER offenbar die Stücke erhielt, meines Wissens im Exemplare aus Ronneby (Blekinge) geführt. Mein Pärchen trägt auch nur „Blekinge" als Fundort. Jedenfalls schauen die mir

bis M_3, bei *Romani* öfters bis Cu_1. Die f. *lunulatus* Shelj. besitze ich in zwei Exemplaren, der vorderste Mondfleck ist aber nicht zu sehen, überhaupt sind die weißlichen Möndchen sehr schwach weiß beschuppt. Von der f. *Benanderi* besitze ich ebenfalls drei Exemplare; in coll. Benander steckt sogar ein ♀ dieser Form, das aber sonst vom abgebildeten *inversa*-♀ in der Zeichnung nicht zu unterscheiden ist. Unter den sonst stets intakten ♂ ist mir eines mit einem einzelligen an den Diskus angelehnten bescheidenen Zellflecke aufgefallen. (Bei intakten Rassen dürfen ♂ mit Zellflecke der Taufe nicht entgehen; sie heißen von nun an *desintactus*.) Den Blekinger gegenüber sind die ♂ aus Schonen bedeutend kleiner. Auch in der Hinterrandsschwärze sind die Männchen von ♂ v. *Romani* nicht zu unter-

Fig. 2. *Par. mnemosyne L. v. argiope* Fruhst. ♀ ex Scania.
Dr. ROMAN phot., etwas verkleinert.

Fig. 4. *Par. mnemosyne L. v. Bang-Haasi* Bryk ab. ♀.
F. BRYK, del.

in Anzahl von Herrn BENANDER gesammelten Tiere aus Schonen (Benestad) etwas anders als *argiope* aus. Diese Form hat die Fazies einer intermediären Form zwischen *argiope* Frubst. (aus Blekinge) und *Romani* Bryk. Von *Romani* unterscheidet sich die ♀ vor allem durch das kürzere Glasband, das bis Cu_1 reicht; es ist in den beiden letzten Elementen lunulatusartig aufgehellt (Fig. 2). 3 ♀ haben ein einzelliges Subkostalband; das vierte ♀ hat ein deutliches Bändchen bis M_2. Endzellfleck zweizellig, falls einzellig, nicht angelehnt wie bei 2 ♀ (Fig. 2). Analbändchen, falls vorhanden, dann wie bei VERITYS Abbildung (XV: T. LXIV Fig. 22). Flügelgröße: 1 ♀ — 31 mm, 1 ♀ — 32 mm, 2 ♀ — 34 mm. Die ♂ sind von *f. ugrofennica*, *Romani* kaum zu unterscheiden; die Glasbandsbreite reicht jedoch in der Regel nur

scheiden (Flügelmaß 30 mm, 31 mm). Solange ich die FRUHSTORFERschen Typen von *argiope* nicht kenne, wage ich die Stücke aus Benestad nicht abzutrennen bzw. zu benennen, die aber jedenfalls von der FRUH-STORFERschen Beschreibung abweichen. Das von TURATI (XIII) abgebildete Pärchen, vermutlich aus Schweden (BRYK III p. 30), schließt sich meinen Schonenfaltern an. In N o r w e g e n wurde bisher das Vorkommen des Falters nicht signalisiert (BRYK IV), was zu weiteren Nachforschungen anspornen sollte.

Den südfinnischen, schwedischen Formen gleich ist auch die in D ä n e m a r k segelnde *Bang-Haasi* androtrop. Der Lunulatus-Zustand kann, wie ein nicht typisches ♀ aus dem Tromsöer Museum, das mir vor dem Kriege † SPARRE SCHNEIDER geliehen

hatte, verschwinden (Fig. 4), dann sieht das ♀ gar
nicht *bang-haasi*-ähnlich aus. Ein ♀ aus dem Museum
zu Lund zeigt schwache Lunulae, die verglaste Submarginale um ein Element kürzer als der Glassaum,
also bis Cu₂ reichend. Subkostalbändchen kräftig
bis jenseits von M₂. Hinterrandsfleck aberrativ kaum
angedeutet. Hflgl. mit Subkostalflecke, kräftigem angelegten zweizelligen Endzellfleck, der einer Ozelle
nahe kommt. Analbändchen sauber ausgeführt, wie
cuf Fig. 5 in BRYK, III.

Von den 4 ♂ aus dem Museum zu Lund hat nur
eines einen so reduzierten Mittelzellfleck wie die
Type von v. *Bang-Haasi* (BRYK III, Fig. 6). Dieses
♂ gleicht auch sonst der Type, nur ist der Subkostalfleck der Vorderflügel einzellig, wie bei zwei
anderen und dem von KLÖCKER (X) abgebildeten.
Bei einem fehlt er völlig. Ergo ist das bis M₂
reichende Subkostalbändchen der Type als aberrativ
zu betrachten. 2 ♂ gehören der *f. intacta* Krul. an.
— Weil ich schon bei den Nordgermanen bin, so
kann ich nicht umhin, auch den ostpreußischen
Vertreter aus Rominten zu erwähnen, schon um
FRUHSTORFERs Behauptung (IX), daß *r. borussianus*
Fruhst. mit der Nominatform nicht identisch ist, zu

Fig. 5. *Par. mnemosyne* L. v. *borussianus* Fruhst. ♀.
Dr. ROMAN phot., etwas verkleinert.

bekräftigen. Ich bilde auf Fig. 5 zum erstenmal ein
♀ dieser prägnanten Rasse ab, um auch den gütigen
Leser synoptisch von der Gültigkeit der FRUHSTORFERschen Behauptung zu überzeugen. Die Lunulae gehören zum Merkmal dieser androtropen Rasse; auch
2 ♂ (c. m.) mit Submarginalbinde bis M₁ zeigen eine
deutliche Mondbinde. Sie sind groß wie die ♂ aus
Blekinge, intakt oder mit kaum bemerkbaren Endzellflecken. Größe 33 mm.

Indem ich nach dem schönen REBELschen Vorbilde,
mit einer Bestimmungstabelle diese Studie abschließe
unter dem recht parnassischen Vorbehalte, daß irgendein aberratives Stück der angeführten Rassen den
ganzen Schlüssel umwerfen kann, gebe ich noch ein
Verzeichnis der neu aufgestellten Formen:

1. *Parn. mnemosyne* L. v. *genuina* p. 17 (Südfinnland, Type Helsinge).
2. do. f. *Romani* p. 18 (Roslagia, Type: Backa).
3. do. v. *perkele* p. 17 (Westfinnland, Type: Nagu).
4. do. ab. *Benanderi* p. 18.
5. do. ab. *desintacta* p. 21.
6. do. f. *inversa* p. 18.

Die Bestimmungstabelle der ♀.

Der Vorderflügel.

1. Ein deutlicher Hinterrandfleck
   konstant vorhanden (gynaikotrop) . . .
   . . . . v. *karjala*, v. *perkele*,
   do. . . . . fehlt (androtrop).
2. Das Glasband breit, bis zum Hinterrande . .
   . . . . . v. *perkele*, v. *karjala*, *(ugrofennica)*.
   do. bis Cu₂ . . . . f. *Romani*, v. *ugrofennica*
   (argiope).
   do. bis Cu₁ . . . . v. *argiope*.
   do. bis Cu₁ . . . . . mit Lunulae v. *genuina*,
   v. *Bang-Haasi*.
3. Das Subkostalband vollkommen bis M₃ . .
   . . . . v. *karjala (argiope)*.
   do. kürzer bis M₂ . . . . v. *perkele* .v. *ugrofennica*, v. *Bang-Haasi*, *(Romani)*.
   do. reduziert bis R₍₅ ₊ ₄₎ . . . . f. *Romani*,
   v. *ugrofennica*, *(argiope)*.
   do. fehlt . . . . (aberrativ!).
4. Der Mittelzellfleck länglich verzogen oder länglich pastos, jedenfalls oben angelehnt . .
   . . . . . . v. *karjala*, v. *perkele*, v. *ugrofennica*, f. *Romani*, *(argiope)*, *(genuina)*.
   do. rundlich . . . . v. *genuina*, *(f. Romani)*,
   argiope, *Bang-Haasi*.
5. Der Endzellfleck wurzelwärts keilförmig.
   do. . . . . v. *ugrofennica*, f. *Romani*, *argiope*, *Bang-Haasi*.
6. Hinterflügel stets sehr reich dekoriert.
   do. . . . . v. *karjala*, v. *perkele*.
   do. mäßig dekoriert . . . . v. *Bang-Haasi*,
   argiope.
   do. schwach dekoriert . . . . v. *(argiope.)*
   Romani, *genuina*.
7. Endzellfleck kräftig, zweizellig angelehnt.
   do. . . . . v. *karjala*,
   do. zweizellig, nicht kräftig . . . v. *Bang-
   Haasi*, *genuina*, *argiope*, *(Romani)*. *ugrofennica*.
   do. einzellig angelehnt . . . . . f. *Romani*.
   do. einzellig nicht angelehnt . . . . *(argiope)*.
8. Der Endzellfleck fehlt völlig.
   do. . . . . (f. *Romani)*, *(argiope)*.
9. Analbändchen mit Endzellfleck
   kräftig verbunden . . . . . .
   do. . . . . v. *karjala*.
   do. schwach verbunden . . . . . . v. *perkele*,
   v. *Bang-Haasi*.
   do. ganz rückgebildet oder nicht verbunden
   . . . . f. *Romani*, v. *ugrofennica*, v.
   argiope, v. *perkele)*, *genuina*.
9. Ansätze zum *Dentata*-Zustand, *perkele*, f. *Romani*.
   Dentatazustand nicht beobachtet
   v. *karjala*, v. *Bang-Haasi* (v. *argiope*).
10. Hinterrandsschwärze reduziert
    v. *genuina*, v. *ugrofennica*, f. *Romani*, v. *argiope*,
    v. *Bang-Haasi*.
    do. stark betont . . . v. *karjala*, v. *perkele*.
11. Mittelgroße Falter . . v. *karjala*, f. *Romani*,
    v. *Bang-Haasi*.
    Große Falter . . . . v. *argiope*, f. *ugrofennica*.

Bestimmungstabelle der Männchen.

1. Hinterflügelzeichnung scharf gezeichnet
. . . . v. *karjala.*
do. dekoriert . . . . v. *Bang-Haasi, l. perkele.*
do. ohne Zeichnung l. *Romani,* v. *ugrofennica,*
gennima, argiope.
2. Mittelzellfleck oft stark reduziert v. *Bang-Haasi.*
do. normal allen übrigen besprochenen Rassen.

⸻

57 (194)

Tessiner Wanderbilder III.

Von *H. Fruhstorfer.*

(Fortsetzung.)

2. August 1919.

Am Morgen trübes Wetter und der Anstig zur Kapelle verläuft ohne besondere Ereignisse. Der Besuch des Hügels brachte mir sogar eine Enttäuschung, denn Flora und Fauna desselben waren verarmt, infolge der großen Dürre des ganzen Sommers. Nur ein paar *Stenob. pulvinatus* machten sich noch bemerkbar. Mantidenlarven, Anfang Juli so zahlreich, sind dagegen jetzt vollständig verschwunden. Was mich aber noch mehr wunderte, war das Fehlen der damals so gemeinen *Oedipoda coerulescens* L.

Von der Kapelle herab tönte heute liebliches Geläute. Es war der Tag des heiligen Stefano, der auf diese Weise hier oben gefeiert wurde. In Eichen-, *Mespilus germanicus* L. und Hasel-Gehölz, welches die Kirche umgibt, Larven von *Oecanthus pellucens Scop.* sehr häufig, ebenso erscheinen einige Kinder des Sattelträgers *Ephippigera perforata* Rossi. Etwas enttäuscht von der geringen Ausbeute, begab ich mich talwärts in das lichte Föhrenwäldchen, wo ich am 7. Juli die Cikaden musizieren hörte. Diese waren heute verstummt, aber auf dem Glimmerschieferfelsen, mit ihren grauen Flechten überzogen waren und auf denen Farrenkraut, *Calluna vulgaris,* sowie einige Juniperusstauden standen, regten sich lebhafte Acridier. Ich erkannte sie sofort, trotzdem die Art neu für den Tessin war. Hatte ich sie doch am 18. Juli schon im Wallis beobachtet, an ihrer längst bekannten Fundstelle bei Sion. Als *Stenobothrus ragans* Fieb., von der schon SCHOCH, Orth. Helvetiae schrieb, daß sie nur in der Talsohle des Wallis existieren, stelle ich sie hier vor. Nun waren es mit einem Male auch Tessiner Bürger, die ich herzlich willkommen hieß. Ich erbeutete etwa 30 Exemplare, die sich behend und energisch aus dem Netz zu befreien versuchten. *ragans* lebt im Tessin recht ungesellig, jedes Tier hält sich für sich allein. Sie sind euch nicht leicht zu fangen, weil sie es lieben, sich im *Erictum* und in den Farren zu verstecken. In ihrer Gesellschaft befanden sich auch einige *Calloptenus italicus* L., viele *Platyphyma giornae,* ein wahres Charaktertier des südlichen Tessin und einige *Oedipoda coerulescens.* Der *ragans* zählt zu den Arten, welche die Trockenheit lieben. Für Föhrenwälder gelten sie nach Redtenbacher als typisch und sie sind, wo immer sie auftreten, Wegweiser magerer, der Südsonne ausgesetzten Bodens. Als ich mich am 17. August zwischen Novaggio und dem Tresatal ganz unerwartet in einer Föhrenschonung mit demselben Unterholz

und demselben Substrat, wie hier bei San Stefano, befand, fing ich sofort an nach *Stenob. ragans* zu suchen. Und siehe schon nach kurzem Bemühen hatte ich die Freude, diesen aus Sibirien gekommenen Acridier auch tatsächlich zu erbeuten. *ragans* ist sonst von Portugal bis zur Herzegowina verbreitet und von Siebenbürgen bis zum Meere. Man kennt ihn auch von Belgien, von Thüringen und in der Nähe Wiens [1]). Befriedigt von meiner heutigen Entdeckung begab ich mich in den dürftigen Schatten einer Konifere und gedachte der Worte des Dichters:

Lieg' ich so im Farrenkraut,
Schwindet jede Grille.
Und es wird das Herz mir laut
In der Föhrenstille.

Als ich dann meinen Fang präpariert hatte, zog ich vergnügt von dannen. In der Sumpfwiese unten im Tale blühten noch einige *Filipendula ulmaria,* von denen mehrere eine Höhe von über 2 m erreichten und gelegentlich noch von Cetonia aurata pisana Heer., der variationsreichen Südrasse unseres Goldkäfers, besucht wurden. *Pulicaria dysenterica* L. war inzwischen auch herangewachsen und zierte das Moor mit ihren großen gelben Blütenköpfen. So grandios die Vegetation jedoch wirkte, Orthopteren, abgesehen von ganz gemeinen Arten, fehlten dennoch. Mit Sehnsucht dachte ich deshalb an mein Moor von Ligornetto zurück, das kaum ein Zehntel des Raumes der Sumpfwiesen von Seseglio [2]), in denen ich mich befand, einnimmt und dennoch eine so reiche Fauna beherbergt. Vor dem Zollhaus von Besegazca schlug ich mich in östlicher Richtung durch den Buschwald hinab in tiefe Schluchten und dann an das Flüßchen Faloppia, das ich auf herausragenden kleinen Steinen übersprang. Am Wasser entlang eine märchenhaft reiche Vegetation, aber kein Tierleben, vielleicht weil diese Stelle bereits im Schatten lag. Dann durch Wiesen, die eben gemäht wurden und Maisfelder nach Balerna, wo ich den 4-Uhrzug erreichte.

3. September 1919.

Vier Wochen sind seit meinem letzten Besuch verstrichen. In der Zwischenzeit bestieg ich den Camoghé und besuchte das Campo Tenciagebiet, von wo aus ich eine selten begangenen Uebergang zum Passo Campolungo ausführte. Es fiel dann endlich etwas Regen, was einen Höhepunkt im Orthopterenleben hervorrief, so daß ich am 31. August an meiner Favoritsammelstelle zwischen dem Moor von Ligornetto und Meride am San Giorgio nicht weniger wie 33 Arten Orthopteren erbeutete. Auch den Generoso zu besuchen war mir vergönnt, wo ich auf dem von mir erschlossenen Zugang Simona-Crocetta, die im Südtessin seltene *Locusta cantans* Fuessly beobachtete. Inzwischen ist nun auch der Herbst ins Land gezogen. Wiederum aber wanderte ich von Chiasso nach Pedrinate, das den Botanikern so wohl vertraut ist, aber vielleicht noch nie von Entomologen Besuch empfangen hat. Schon auf der

⸻

1) Freund ENGEL fand ihn bei Koblenz.
2) Doch hatte ich Gelegenheit Senecio aquaticus Huds. zu finden und für diese in der Schweiz seltene Pflanze einen neuen Standort nachzuweisen.

ersten Sumpfwiese am Rande eines kleinen Wäldchen vor dem Dorfe Pedrinate, da wo am 7. Juli *Polistua Schmidti* Fieb. mir zur Beute fiel, erhorchte ich heute im Glanze der Morgensonne eine *Leptophyes caudata*. Auf Hasel- und *Rhamnus cathartica* L.-Dickicht holte ich pompöse, dick gegemästete von *Ephippigera perforata* Rossi heraus und einige liebesseelige *Podisma Schmidti*, die sich auch dann nicht trennten, als sie in die Flasche wanderten. *Gomphocerus rufus* L. gefiel sich auch hier, doch schenkte ich ihnen allen das Leben. *Angelica silvestris* L., eine blaßlila blühende Umbellifere erhob hie und da ihren weitaufgespannten Schirm, der ganzen Kolonien von Hymenopteren und hymenopteroiden Dipteren zum Aufenthalt diente.

Zwischen dem Dorfe Pedrinate und der Hügelkapelle von San Stefano beobachtete ich in diesem Jahre die erste erwachsene *Mantis religiosa* L., von der mir ein Männchen auf die Schulter geflogen kam. Die Kulturterrassen auf dem Wege zur Kirche waren bereits abgeerntet und der Brachfelder mit einer herbstlichen Flora bestanden. Das Tausendguldenkraut und Euphorbia telescopia L. schmückten die Felder. *Setaria glauca* L. und die wilden Hirsen *Panicum sanguinale* L. und *cirus galli* L. wucherten und mit ihnen *Amarantus patulus* L. (neuer Standort). In all diesem Unkraute fühlte sich *Stenobothrus ragans* Fieb. äußerst behaglich. Und hurtig wie ein Weberschifflein flitzte es aus dem Netz, während die mit ihm zugleich in dieselbe geratenen *Stenob. viridulus* L. und *St. rufipes* Zett. ruhig abwarteten, was mit ihnen geschah. In dem Gehölz rings um die Kirche fing ich zunächst eine Anzahl *Oecanthus pellucens* Scop., deren ♀♀ in einer hellgelblichen und bräunlichen Form auftreten. Die ♀♀ vermögen auf dem Fußboden zwar schnell zu laufen und sich so in Sicherheit zu bringen, können aber nur unbedeutende Sprünge ausführen. Im dichten Gras im Halbschatten von Hasel und *Cornus* saß ein ♀ von *Leptophyes caudata*. Das Hauptereignis des Tages aber bildete die Erbeutung eines ♂ von *Antecastes Raymondi* Yers. Die unscheinbare braunglänzende Locustide saß im Grase, nahe *Fragaria*-Blättern, das gleichfalls im Halbschatten zwischen Eichen, *Rubus, Calluna, Sarothamnus, Evonymus, Mespilus, Clematis, Viburnum* üppig wucherte. Später fing ich dann an einer ähnlichen Stelle auch ein *Raymondi* ♀. Tiefer unten in meinem ozonreichen Föhrenwald, aber nur wenige *Stenobothrus ragans*.

(Schluß folgt.)

57. 62 Apotomopterus

Eine Berichtigung zu Apotomopterus cupreus G. H. (D. E. Z. 1913.)

Von Prof. Dr. *G. Hauser*, Erlangen.

Da der Name *cupreus* innerhalb der Gattung *Carabus* bereits vergeben ist, sei der Name des von mir beschriebenen *Ap. cupreus* in *Apotomopterus polemistes* abgeändert. Wahrscheinlich ist *polemistes* eine Unterart des *C. longicornis* Fairm., mit welchem er nach der Beschreibung große Aehnlichkeit besitzt,

von dem er aber doch durch die Flügeldeckenskulptur und die Größe sich unterscheidet. Auch ist der Fundort des *longicornis* das Tal des Chin-kiang in der Provinz Szetschuen, der des *polemistes* der Yunling-schan in Fokien.

Entomologische Neuigkeiten.

Im Anschluß an die kürzlich gemeldeten Massenwanderungen von Marienkäferchen in Mazedonien teilt Dr. K. Büttner in derselben Zeitschrift mit, daß er in Ostsibirien in der Nähe des Ussuri während seiner Kriegsgefangenschaft ähnliche Beobachtungen gemacht habe. Im Laufe des Sommers 1916 waren immer nur einzelne Tierchen im Lager zu sehen, Anfang Oktober aber waren sie plötzlich zu tausenden an den Wänden der Rohziegelkasernen bis in die Höhe des ersten Stockwerks hinauf vorhanden; höher saßen nur wenige, an Büschen und Bäumen überhaupt keine, wenige nur an den 4 Meter hohen Bretterzäunen. Traubenbildung gab es nicht, meist liefen sie einzeln oder in Copula umher. In dieser Häufigkeit hielt die Erscheinung während dreier Tage an, nahm dann nach und nach ab, so daß nach 8 Tagen nur noch einzelne anzutreffen waren. Die Gebäude lagen auf einer ca. 25 Meter über dem Ussuri sich erhebenden Hochfläche, in ca. 2 km Entfernung von dem Strom, hatten also für die anfliegenden Marienkäferchen eine ähnliche Lage wie ein niedriger Berggipfel. In dem am Fluß selbst gelegenen Mannschaftslager in der Nähe waren in dieser Zeit nur einzelne Exemplare anzutreffen. Während es sich in Mazedonien um nur eine Art handelte, waren hier verschiedene Gattungen mit verschiedenen Arten vertreten. Im Jahr 1915 hat sich Mitteilungen von Kameraden zufolge dort das gleiche Schauspiel abgespielt.

An der Pflanze Lygodesmia juncea wurden in Denver, Colorado, mehrere Arbeiter von Pogonomyrmex occidentalis gefunden, die mit ihren Mandibeln fest in die gelbe Gummimasse verbissen waren, welche dieselbe ausschwitzt. Es scheint, daß dieses Exsudat die Tiere anlockt, sie nicht mehr frei läßt, und daß sie elend dabei umkommen.

Bei einem Massenauftreten der Pieris brassicae-Raupen im Departement Vienne, da dieselben sogar die Häuser überfluteten, wurde die Resistenzfähigkeit der Puppen gegen bedeutende Kältegrade einwandfrei festgestellt. Als die Kälte eintrat, waren eine ganze Anzahl der Puppen an den Außenmauern befestigt, die nicht den geringsten Schutz boten. Es wurden —6°—9°—12° registriert während 18 Tagen; der Boden war bis zu 22 cm tief gefroren, in nördlich gelegenen Teilen sogar 26 cm tief. Als Ende Februar die Temperatur wärmer wurde, war es möglich, die Puppen, die in der Höhe eines Meter an den Mauern sich befanden, zu untersuchen und da ergab sich die erstaunliche Tatsache, daß sie sich alle als lebenskräftig erwiesen, daß ihnen die Kälte nicht das geringste geschadet hatte. Ein an der Mauer angebrachtes Thermometer zeigte Nachttemperaturen von 10—17° Kälte. Dieser Fall scheint geeignet, den Glauben zu zerstören, daß scharfe Kälte die Insekten tötet.

Redaktion M. Rühl, Zürich VII. — Verlag des Seitz'schen Werkes (Alfred Kernen), Stuttgart.
Druck von H. Laupp jr Tübingen.

1. Juli 1921.   No. 7.   36. Jahrgang.

Societas entomologica.

Gegründet 1886 von *Fritz Rühl*, fortgeführt von seinen Erben unter Mitwirkung bedeutender Entomologen und hervorragender Fachleute.

Toute la correspondance scientifique et les contributions originales sont à envoyer aux Héritiers de Mr. Fritz Rühl à Zürich VII. Pour toutes les autres communications, payements etc. s'adresser à Verlag des Seitz'schen Werkes (Alfred Kernen), Stuttgart, Poststr. 7.	Alle wissenschaftlichen Mitteilungen und Originalbeiträge sind an Herrn Fritz Rühl's Erben in Zürich VII zu richten, geschäftliche Mitteilungen, Zahlungen etc. dagegen direkt an den Verlag des Seitz'schen Werkes (Alfred Kernen), Stuttgart, Poststr. 7.	Any scientific correspondence and original contributions to be addressed to Mr. Fritz Rühl's Heirs in Zürich VII. All other communications, payments etc. to be sent to Verlag des Seitz'schen Werkes (Alfred Kernen), Stuttgart, Poststr. 7.

Die Societas entomologica erscheint monatlich gemeinsam mit dem Anzeigenblatt Insektenbörse. Bezugspreis laut Ankündigung in letzterer. Mitarbeiter erhalten 25 Separata ihrer Beiträge unberechnet.

57. 89 Pararge (43. 42)

Pararge var. egerides Stgr. saisondimorph.

Von *Carl Ferd. Frings.*

In keinem Werke und in keiner Zeitschrift konnte ich bisher nähere Angaben über den deutlichen Saisondimorphismus dieses Falters finden, was um so verwunderlicher ist, als es sich um eine recht häufige, überall vorkommende Art handelt. Nur dem scharf beobachtenden Blick unseres Altmeisters der entomologischen Wissenschaft, Prof. Dr. Standfuß, war der Unterschied nicht entgangen. Er nennt Stammform und Varietät in seinem „Handbuch" unter den Arten, bei denen „ein sehr wohl bemerkbarer Unterschied zwischen den beiden Generationen" sei. Bei Besichtigung meiner Sammlung zeigte sich mein verehrter Freund allerdings sehr erstaunt über den hohen Grad der Abweichung mancher hiesiger Stücke II. Gen.

Merkwürdigerweise findet man in den weitaus meisten Sammlungen nur Stücke der Frühjahrsgeneration, leider auch fast stets undatiert, so daß ich über var. egerides anderer als mittel- und niederrheinischer Provenienz nichts Bestimmtes sagen kann. Vielleicht ist das Unbeachtetbleiben des Dimorphismus einfach darauf zurückzuführen, daß dieser in anderen Gegenden weniger ausgesprochen ist als im Rheinlande. Wahrscheinlich ist dieser Fall allerdings nicht! Hoffentlich werden diese Zeilen die ent. Kollegen anspornen, die Sache näher zu untersuchen und ihre Beobachtungen zu veröffentlichen.

Hier bei Bonn fliegt die Frühjahrsgeneration von var. egerides etwa vom 20. April bis gegen Ende Mai, die Sommergeneration von Ende Juli bis Anfang September. Erstere ist die allenthalben ziemlich gleiche, großfleckige, helle Form, die beide Geschlechter in annähernd gleicher Zahl liefert. Unter der II. Gen. sind dagegen die ♀♀ entschieden in der Minderzahl. Die Grundfarbe dieser Form ist dunkler, die helle Fleckzeichnung aus reinerem Gelb bedeutend eingeschränkt. Im Vorderflügeldiskus sind die Flecke bei den ♂♂ oft nur angedeutet, die helle Zeichnung am Apicalauge vermindert, der keilförmige Costalflecken besonders am Vorderrande verloschen, die übrigen Flecken verkleinert, häufig bis zu teilweisem Erlöschen. Auf den Hinterflügeln sind die sehr großen gelben Felder um die Augenflecken, welche

der I. Gen. eigen sind, hier zu feinen, mehr oder weniger schmalen Ringen reduziert, die aber auch fast ganz fehlen können, so daß die schwarzen Ocellen dann direkt in der dunkelbraunen Grundfarbe stehen. Unterseits erscheint besonders das Außenrandsfeld der Hinterflügel weit dunkler. Bei den ♀♀ sind diese Charaktere etwas weniger ausgeprägt, aber immerhin sehr deutlich sichtbar. Manche ♂♂ machen infolge ihrer überaus starken Zeichnungsreduktion einen düsteren, ganz fremdartigen Eindruck. — Meine Beobachtungen über diesen Dimorphismus reichen bis zum Jahre 1895 zurück. In manchen Jahren tritt die II. Gen. so spärlich auf, daß ich an der Vollkommenheit derselben zweifle. Darin kann mich die auffallend geringe Zahl von weiblichen Individuen selbst in günstigen Jahrgängen nur bestärken. Die I. Gen. zeigt sich immer in Menge.

Zu meinem Erstaunen beobachtete ich heuer (1920) am 20. und 25. Juni im Siebengebirge und in den Waldungen bei Bonn einige ganz frische Stücke, die in Zeichnung und Grundfarbe eine Mittelform zwischen I. und II. Gen. darstellen. Daß so spät noch Tiere aus überwinterten Puppen schlüpfen sollen, scheint mir recht unwahrscheinlich; ich nehme an, daß die Falter von anormalerweise halberwachsen überwinterten Raupen herstammen. Regulärerweise überwintert nach neueren übereinstimmenden Beobachtungen die Puppe der I. Gen. — Für besonders schnell entwickelte Imagines der II. Gen. ist das Datum meines Erachtens gar zu früh.

In manchen Jahren, z. B. 1915, 1920 findet man noch im September (5.) frisch geschlüpfte Stücke (♂♂) mit stark ausgelöschter Fleckenzeichnung. Ob solche Tiere verspätete Exemplare der II. Gen. sind oder einer ganz unvollkommenen III. Gen. angehören, möchte ich dahingestellt sein lassen. Ich bin überzeugt, daß sich bei entsprechender Behandlung — Wärmezucht vom Ei ab, vielleicht auch schon einfacher Zimmerzucht — eine III. Gen. leicht wird erzielen lassen, welche die Merkmale der Sommerform wahrscheinlich in verstärktem Maße tragen wird.

Nachschrift: Bei Abfassung der vorstehenden Artikels hatte ich leider den inhaltsreichen Aufsatz von Herrn Prof. Gillmer in Nr. 3. XXXI. Jg. dieser Zeitschrift übersehen. Nach diesem überwintert var. egerides sowohl als halb- und fast erwachsene Raupe wie als Puppe, eine sehr bemerkenswerte Beobachtung. Damit wäre das Auftreten der Falter im letzten

Drittel des Juni hierselbst bestens erklärt. Insofern liegen die Verhältnisse in Anhalt anders, als dort die 11. Gen. die häufigere ist.

57.89 : 14 . 96

Eine Konvergenzerscheinung im Sphragisbau von Euryades Felder und Tadumia Bryk.

Von *Felix Bryk*, Stockholm.

(Mit 1 Textfigur.)

Die ansehnlichste, originellste und auffallendste Sphragis aller Papilioniformia tragen zweifelsohne die befruchteten Weibchen der Gattung *Euryades* zur Schau. Die nach vorne gerichteten gespalteten kufenähnlichen, „vomiformen" — um mit PODA und SCHAEFFER zu sprechen — Lamellen wirken fast wie eine Abwehrwaffe, die die Bauchunterseite vor den zudringlichen aphroditischen Anfallswaffen eines um die Weihe der vollzogenen Ehe sich nicht kümmernden Männchens schützen soll. Trotz diesem in die Augen fallenden biologischen Merkmale ist bisher die Sphragis von *Euryades corethrus* nicht bekannt.

Sphragis von *Euryades corethrus* (Profil). F. BRYK (del.).

Unter bekannt verstehe ich: „richtig beschrieben oder abgebildet."

Während die Sphragis von *Euryades Duponcheli* bisher von WEYENBERGH (VI) schematisch, und von BURMEISTER (III), BRYK (I) genau abgebildet wurde, fahnde ich nach einer ähnlichen Abbildung der Sphragis von *Euryades corethrus*. Denn mit den oberflächlichen Abbildungen eines GUÉNÉE (V) und BURMEISTER (III, T. III f. 8) wird sich wohl kein ernster Sphragidologe abtun lassen. Das wesentlichste Merkmal dieser Sphragis, das sie prima vista von der ihres Vetters *E. Duponcheli* unterscheidet, ist nämlich ausgelassen! Selbst BURMEISTER, der in der glücklichen Lage war, eine Kopula von *E. corethrus* zu beobachten und der sich sonst um die Lösung des Sphragisproblems sehr verdient gemacht hat, hat den Unterschied nicht bemerkt, sonst hätte er nicht folgendes anführen können: „Was nun die äußerlich sichtbaren Genitalanhänge von *E. Duponcheli* betrifft, so sind sie ganz ebenso beschaffen, wie die der vorigen (= *corethrus*), daher ich sie nicht zu beschreiben brauche. Im ganzen ist der Hinterleib beider Geschlechter von *E. Duponcheli* etwas schlanker und darum sind auch die Genitalienanhänge etwas schmäler; doch ist der Unterschied nur unbedeutend" (IV). Schon GUÉNÉE wußte mehr zu berichten (V). Indem ich hier zum erstenmal genau die Sphragis von *E. corethrus* nach einem einzigen Exemplare meiner Sammlung aus Rio Grande do Sul (erworben von Staudinger-Bang-Haas) abbilde, habe ich zur Verdeutlichung der Zeichnung folgendes hinzuzufügen: Während die der Anhaftung bewirkende Teil der Sphragis bei *E. Duponcheli* das achte Segment nur bilob zur Hälfte umspannt, zeigt der gleiche Sphragisteil von *E. corethrus* eine ringförmige Umklammerung des ganzen Tergites, die auf dem Rücken einen spitz verlaufenden Fortsatz bildet, der sich an den Rand des siebenten Tergites fest anlehnt. Das ist der wesentliche bisher übersehene Unterschied! Die matt metallgrünlichen dünnen Lappen sind mehr spitz als bei *E. Duponchelii* und verlaufen gerade, sind also nicht bauschig sanft nach innen gerollt wie bei *Duponcheli.*

Unter den Parnassiiden ist uns ein analoger Fall bei zwei sehr nahestehenden Formen bekannt. In „Soc. ent." (II) habe ich bei Abbildung der Sphragis von *Tadumia priamus* auf den Unterschied zwischen der Ringsphragis von *T. delphius* und *T. acdestis* aufmerksam gemacht und für die Sphragidologie ist es von gewissem Werte, auf eine Konvergenzerscheinung in der Anhaftungsart der Sphragis „mit" und „ohne Ring" hinweisen zu können. Bei Betrachtungen über die erotische Kleinplastik der sphragophoren Arten drängt sich dem Aestheten die Frage auf, die ich bereits einmal aufgeworfen habe: „welche Form ist die primitivere, die Ringsphragis von *delphius* oder die ringlose von *acdestis?*" (I p. 27.) Die Entdeckung einer Ringsphragis bei *Euryades* bestätigt, daß der Sphragisskulptör beim Suchen nach einem Ziele zu einem und demselben Mittel, wie ein anderer geographisch wie artsverwandt weitgetrennter Kollege, bei Verfolgung desselben Anhaftungsproblems, greifen oder gelangen muß. Gleiche künstlerische Probleme postulieren eine gleiche Lösung der Form.

Die Tatsache, daß die soeben abgebildete Ringsphragis von *E. corethrus* der Aufmerksamkeit eines so scharfen Beobachters, wie es BURMEISTER war, entgangen ist, sollte eigentlich zur Vorsicht bei der Schlußfolgerung über die Sphragisform der betreffenden Art ermahnen. Ich räume daher auch gerne ein, daß es ja immerhin nicht ausgeschlossen wäre, daß unser Fall aberrativer Natur sei; deshalb muß ja stets die Variabilität der Sphragisform fest im Auge behalten (I. p. 22 T. 6, S. II). Nach einem Exemplar Artmerkmale aufzustellen oder zu fixieren, hat sich mir allzuoft als trügerisch und unzulänglich erwiesen.

Gesetzt nun: unsere Ringsphragis wäre wirklich nur ein aberrativer Fall — eine Annahme, die freilich unwahrscheinlich ist — der mitgeteilte Befund wird dadurch jedenfalls nicht uninteressanter.

Angeführte Literatur.

I. BRYK, Grundzüge der Sphragidologie, mit 6 Taf. In Zool. Arkiv, 1918 (Stockholm).

II. Bryk, Ein neuer Acdestis. In: „Soc. ent. Vol. XXIX p. 24—25, mit 3 Fig.

III. Burmeister, Atlas d. C. descript. phys. d. 1. Rep. Argentine, V. Sect. II. Parts. p. 10. T. III (1879).

IV. Burmeister, Ueber *Euryades* Feld. In: Stett. ent. Z. p. 415, 1870.

V. Guénée, M. A. Notice sur div. lép. d. Musée d. Genève. In: Mém. Soc. phys. d'hist. nat. Genève p. 372—374. Taf. Fig. 3.

VI. Weyenbergh, Sobre el apendice al abdomen de las hembras de genere Euryades. In: Periodico Zoologico II, p. 38—42 (mit 2 Textf.) 1875, (abgedruckt zum 2. Male in Bryk, Bibliotheca Sphragidologica, in: Arch. f. Nat. Vol. 85, A 5, p. 123 ff. [1919], 1920).

57.89 Parnassius

Zur Nomenklaturfrage von Parnassius mnemosyne var. bohemien Bryk.

Von *Felix Bryk.*

Mich auf H. Fruhstorfers interessanten Spaltungsversuch des *albus-melliculus*-Kreises in der Soc. entom. Nr. 4 p. 13—15 beziehend, erlaube ich mir, folgendes zu bemerken:

Einen gültigen *Parnassius mnemosyne* v. *bohemicus* Fruhst. kenne ich nicht; ich kenne nur einen *Parn. apollo* var. *bohemicus* Rebel. Dieser Name ist nicht präokkupiert, da die *mnemosyne* aus Groß-Wosek *bohemien* Bryk (nec *bohemicus* Fruhst.) heißt. Das wußte Professor Rebel auch bei Aufstellung seines *bohemicus*. Der Name *bohemien* wurde bewußt aufgestellt; so viel Latein kann ich schon, um aus Bohemia ein Eigenschaftswort abzuleiten. Die *mnemosyne* hat mit ihrem eng lokal auftretendem Wesen etwas vom vagabondierenden Künstler, daher der Name, den ich auch ganz gut auf eine nicht tschechische *mnemosyne* hätte übertragen können: bohemien, bluff, geisha [1]), bolschevik usw. sind Wörter, die in ihrer Plastizität der Vorstellungskraft nichts zu wünschen übrig lassen, aber unter jeder Uebersetzung leiden. Unser Jahrhundert hat ein Recht, aus seinem Wörterkram Taufnamen zu schöpfen. Wie ich neben *uralensis* einen *uralicus* akzeptierte (und eine *mnemosyne* aus dem Ural benenne ich *uralka* und beschreibe sie später in der Soc. entom.), so kann auch ein *bohemicus* neben *bohemien* ganz gut bestehen. *Ventidius* muß fallen, wenn er auch tausendmal philologisch, topographisch schöner klingt als *bohemien*.

57.68 Chrysomelidae (43.9)

Neue Patria einiger kürzlich beschriebenen Halticinen: Banská Bystrica unter Klein-Tatra.

Von *Jan Roubal.*

Psylliodes aerea Foudr. var. *austriaca* Hktg. Verh. d. zool.-bot. Ges. Wien LXI, 1911, 21—22, von Wien, lebt hier in einem felsigen Tale (Gader) in der Fatra. 19. VII. 1920, 1 Ex.

[1]) Wenn Stichel seinen Namen *geisha* später zugunsten einer humanisierten Japanerin von selbst einzog, so hat er damit noch nicht bewiesen, daß der zweite Name internationale Gültigkeit erlangen wird.

Phyllotreta Hochetlingeri Fleisch., Wien. Ent. Ztg. XXXVI. 1917, 17 von Zagreb in Slavonien, beschrieben nach einem einzigen ♂. Da ich hier auch ♀ gefunden, ergänze ich hiermit die oben zitierte Diagnose: ♀ etwas länger als meine ♂♂, die Fühler einfach, d. h. ohne die keulenartige Verdickung, länger, alle Glieder länger als breit, Gl. 1 etwas mehr als zweimal so lang als breit, etwas zur Spitze verdickt, Gl. 2 etwa anderthalbmal so lang als breit, Gl. 3 ein wenig länger als 2, Gl. 4 zweimal so lang als breit, Gl. 5 auffällig länger als 4, Gl. 6 gleicht dem 4, 7—10 an Dicke zunehmend, jedes von den 7—9 länger als 6, Gl. 10 gleicht etwa dem 6, Gl. 10 ist mäßig zugespitzt, etwa zweimal länger als breit. Hinterschienen breiter als beim ♂.

Auf einem alten Buchenholzschlag, wo strauchartig Buchen, Fichten, Sahlweiden, Haseln, Linden, Schneeballen, Rosen wachsen, Unterwuchs wie auf den bekannten sonnigen Abhängen, wie z. B. Fragaria, Lilium martagon, Rubus, Campanula, Lathyrus, Vicia, Euphorbia cyparisaias, Veronica, Erysimum, Potentilla, Verbascum, Calamintha und allerlei Pflanzen dieser Formation gehörend. Der Abhang liegt etwas gegen Osten und geologisch ist es Dolomit. Nur auf diesem einzigen Punkte lokalisiert, Mitte Mai 1920, habe ich hier das hochinteressante, schöne Tier gesammelt.

Ph. austriaca Ilktg., Verh. d. zool.-bot. Ges. Wien LIX. 1909, (9)—(13) aus Austria i. und Hungaria habe hier in Hron-Becken (15. VI. 1920), sowie im Gadertale (Fatra) 19. VII. 1920 gesammelt.

Longitarsus Huberthali Wanka, Ent. Bl. XIII., 1917, 74 lebt hier im Frühling auf den Lähnen, Hügeln, Rainen, in Tälern usw. auf Symphytum tuberosum L. ziemlich häufig.

Weitere interessante, aus der Umgebung der Fatra und Klein-Tatra stammende, Neuheiten der Halticinen werde ich anderswo behandeln.

57 (494)

Tessiner Wanderbilder III.

Von *H. Fruhstorfer.*

(Schluß.)

Im Sumpfe dagegen heute ein belebtes Bild reichen, überreichen Orthopterenlebens. Zur Begrüßung sprangen mir bereits einige fleischfarbene und braune *Conocephalus* entgegen. Auch ihre weit häufigeren grünen Artgenossen kamen in großer Menge zum Vorschein und flogen manchmal auf, um auf 1 oder 2 m Entfernung wieder niederzufallen. Auf den flachen Düngerwiesen nahe dem Moor viele *Stenob. parallelus* Zett., sowie Farbenspielarten von *Gomphocerus rufus* L. und als Seltenheit einige *Parapleurus alliaceus* Germ. Am Rande einer köstlich kühlen Quelle stand bereits *Bidens tripartitus* L., eine Herbstpflanze, die namentlich an den Ufern des Luganersees in der Bucht von Agno gedeiht. Tausende von kleinen Cikaden und viele hunderte Spinnen belebten das Gras, wurden aber alle wieder freigelassen.

Früher als sonst kam ich heute zurück und so blieb mir Zeit, das Sanctuarium San Antonio bei Balerna zu besuchen. Die mit Kreuzwegstationen umgebene Kirche ist auf einen Hügel hingestellt, in einer Situation, wie sie nur Clericale mit ihrem unfehlbaren Blick für Naturschönheiten auswählen konnten. Unter dem Schatten hoher Linden und Ulmen grüßen von den Höhen das eben verlassene San Stefano und gegenüber die Bergkapelle von San Martino, am Eingang zum Val Muggio. Man schaut hinab nach Chiasso und das im Glanze der Abendsonne erstrahlende Brunate über Como auf die Ebene und einen Kranz sanfter Hügel.

Aber daß nicht immer dieser göttliche Friede hier herrschte, daran erinnert uns eine Gedenktafel mit der Inschrift: „Sotto queste scarze Zolle dormeno 35 vittime dell' Asiatico Morbo che Balerna affice 1855—1867." Die Cholera, der asiatische Tod, war hier durchgezogen und deren 35 Opfer ruhen nun unter dieser dürftigen Scholle Erde!

Von Balerna aus begab ich mich zu Herrn Krüger in Maroggia, der mir erzählte, daß er an Köder die Orthopteren *Thamnotrizon chabrieri* Charp., *apterus* F., ferner *Phaneroptera 4 — maculata* und *Conocephalus mandibularis* Chp. angetroffen habe. Es bleibt noch die Frage offen, ob die Tiere an den Köder gehen, um sich Feuchtigkeit zu verschaffen, also daran zu lecken oder ob sie dort auf Beute lauern. Eine daselbst angetroffene *Phaneroptera* hatte eine Spinne zwischen den Beinen! Auch *Cychrus*, *Carabus* und *Procrustes* stellen sich nachts am Köder ein.

21. November 1919.

Am 20. fiel in den tiefen Lagen Regen, höher oben Schnee. Nachts Frost und am 21. ein herrlicher sonniger Morgen. Die Straße von Chiasso bis Pedrinate war beinhart gefroren. Dennoch blühte auf dem Hügel von San Stefano noch ein *Hieracium* und *Peucedanum alsaticum* subsp. *venetum* Briqn., eine Umbellifere erhob ihre schönen weißen Schirme. Auf den Terrassen, die Anfang September mit *Centaurium minus* Gars. und *Euphorbia helioscopia* L. bewachsen waren, tummelten sich heute in großer Anzahl der schöne Acridier *Epacromia strepens* Lat. und auch *Platyphyma giornae* Rossi waren zahlreich. *Oedipoda coerulescens* L. war auch noch vorhanden, wenngleich sehr selten; dagegen sehr, sehr zahlreich *Stenob. bicolor* Charp. in Varietäten, die an *St. haemorrhoidalis* Chp., sowie *rugosus* Fieb. erinnerten. Auch *Stenob. rufipes* Zett. und *viridulus* L. kamen in einzelnen Stücken zum Vorschein. Während ich emsig tätig war zu sammeln, trat der Eigentümer des Grundstückes zu mir und sah mir lange interessiert zu. Endlich wagte er die Frage, zu welchem Zwecke ich die Orthopteren im Tessiner Dialekt „sotterot" genannt, fange. Ich antwortete darauf „per la pesca", um Fische damit zu ködern. Diese Erklärung genügte ihm vollkommen und sich freundlich verabschiedend, ging er seine Wege. Im oberen Tessin gab ich auf ähnliche Fragen die Erklärung, daß ich die Schmetterlinge und „salto martino", wie die Orthopteren auf italienisch heißen, „per la pharmacia" nötig habe. Mit dieser Auskunft begnügten sich aber die wenigsten, denn dann wollen die Fragenden wissen, gegen welche Krankheiten die Tiere verwendet werden, ob man sie trocken oder gepulvert

nehmen muß und wie viele, außerdem, ob alle Sorten brauchbar seien oder nur ganz bestimmte Arten. Aber so klug waren alle, daß „farfalla" (Schmetterlinge) oder „salto martino" eine teuere Medizin abgeben müssen, wenn ein erwachsener Mensch, ein „signore", weite Reisen unternimmt, um sich solche zu verschaffen.

Wieder hinab in den Föhrenwald, der mir damals *Stenobothrus rugosus* Fieb. geschenkt hatte und zum Sumpf. Im Walde nur einige *Epacromia strepens* Latr., die von den grauen Felsen ins verdorrte *Erioetum* hineinsprangen und unten am regenlosen Bächlein nur noch zwei Trichopteren. Auch heute besuchte ich das Sanctuarium San Antonio am Nachhauseweg. Die Berge ringsumher waren jedoch jetzt bis tief herab verschneit, so der Monte San Primo im Süden, der mit seinen 1650 m den Eindruck eines 2000 m hohen Berges hervorrief und der spitze Kegel des Sasso Gordona östlich vom Generoso, der das grüne Tal Muggio so keck abschließt.

Entomologische Neuigkeiten.

Das Jahr 1918 war eines der berühmten 17-years Cicada Jahre; da traten die Wanzen in Quetta, Belutschistan, von Mitte bis Ende Juni in solchen Massen auf, daß sie zur Plage wurden. Die Bäume mancher Straßen waren derartig mit ihnen bedeckt, daß sie knorrig und entfärbt erschienen. Sobald ein Automobil daherfuhr, erhoben sie sich in ganzen Schwärmen, gleich solchen von Bienen. Das Land zu beiden Seiten der Straßen war mit Löchern der Puppen gespickt, und die leeren Puppenhülsen hingen zu dutzenden von jeder Pflanze und jedem Strauch herab. Am Abend war das Geräusch geradezu ohrenbetäubend. Wurde eines der Tiere gestört, ließ es aus seinem Abdomen eine farblose Flüssigkeit ausströmen. Ein Tropfen derselben, ins Auge gefallen, verursachte Schmerz und Wässerigwerden. Hunde, Katzen und Hühner taten sich gütlich an diesen feinen Bissen. Ende Juni begannen sie zu sterben, der Boden war mit ihren Körpern bedeckt. Die kleineren Bäume waren durch den Angriff so beschädigt, daß sie alle Blätter verloren. Die Art wurde nicht festgestellt.

Im Garten von Dr. Proschowsky in Nizza hat der Prozessionsspinner ziemlichen Schaden angerichtet. Bei dieser Gelegenheit konnte der Genannte einige Beobachtungen über die Lebensweise anstellen. Die Raupen verlassen den Baum nicht, auf dem sie zur Welt gekommen sind. Man sieht in langer Prozession, ihrem jungen Alter nach, auf den Aesten und Stämmen spazieren, ohne aber auf den Boden zu gehen. Die Prozessionen, denen man begegnet, rekrutieren sich aus erwachsenen Exemplaren, die sich einen zur Verpuppung geeigneten Grund aussuchen. Sie lebten in Nizza auf Pinus halepensis.

Schedorhinotermes putorius Sjöstedt, die in der Umgebung von Durban, Natal, ziemlich häufig ist und als Bewohner von Bäumen bekannt ist, wurde vor kurzem als Zerstörerin der Fußböden eines Gebäudes entdeckt.

Redaktion M. Rühl, Zürich VII. — Verlag des Seitz'schen Werkes (Alfred Kernen), Stuttgart. Druck von H. Laupp jr Tübingen.

1. August 1921.   No. 8.   36. Jahrgang.

Societas entomologica.

Gegründet 1886 von *Fritz Kühl*, fortgeführt von seinen Erben unter Mitwirkung bedeutender Entomologen und hervorragender Fachleute.

Toute la correspondance scientifique et les contributions originales sont à envoyer aux Héritiers de Mr. Fritz Rühl à Zurich VII. Pour toutes les autres communications, payements etc. s'adresser à Verlag des Seitz'schen Werkes (Alfred Kernen), Stuttgart, Poststr. 7.	Alle wissenschaftlichen Mitteilungen und Originalbeiträge sind an Herrn Fritz Rühl's Erben in Zürich VII zu richten, geschäftliche Mitteilungen, Zahlungen etc. dagegen direkt an den Verlag des Seitz'-schen Werkes (AlfredKernen), Stuttgart, Poststr. 7.	Any scientific correspondence and original contributions to be addressed to Mr. Fritz Rühl's Heirs in Zürich VII. All other communications, payments etc. to be sent to Verlag des Seitz'schen Werkes (Alfred Kernen), Stuttgart, Poststr. 7.

Die Societas entomologica erscheint monatlich gemeinsam mit dem Anzeigenblatt Insektenbörse. Bezugspreis laut Ankündigung in letzterei. Mitarbeiter erhalten 25 Separata ihrer Beiträge unberechnet.

57.85 Acasis (43.79)

Acasis Mariae Stdr. species nova.

Von *H. Stauder*, Wels.

Mit 2 Abbild.

Der Spezies *Acasis sertata* Hbn. (= *appendicularia* Bsd.) am nächsten und hinter diese zu stellen. Typen: 1 ♂ ganz frisch, Calabria, Umgebung Paola-Cosenza, Monte Martinello in der Farnkrautregion, Erlengebüsch bei etwa 900—1000 m Seehöhe 17. VI. 1920; 1 ♀ ebenfalls völlig frisch, Calabria, Aspromontemassiv, Montalto bei 1800 m, Buchenregion knapp unter dem Gipfel, Piani de' Reggitani; beide Taglang, H. Stauder legit.

Dimensionen: Vflgl.-Länge Basis — Apex ♂ = 14 mm, ♀ 17 mm. Fühler im ♂: etwas kürzer, bedeutend dunkler, als bei *sertata*. Fühler im ♀: dünner, kürzer und etwas dunkler als bei Wiener *sertata*; erstes Geißelglied unterseits weißlich, während es bei *sertata* dunkel bleibt. Fühler beim ♂ mehr als doppelt so lang als bei *sertata*, seitwärts und unterseits tiefschwarz, oberseits leicht angegraut.

Färbung und Zeichnung des Falterkleides:

a) beim ♂: Stirne, Kopf, Thorax, Abdomen etwas dunkler grau als bei *sertata*, Abdomenende mit 1½ mm langem gelblichgrauen Haarbüschel, welcher meinen Wiener *sertata* fehlt. Füße grau. Der Gesamteindruck der Vflgl.-Oberseite viel düsterer als bei *sertata*, bei welch letzterer das Weißgraue prädominiert, während *Mariae* dunkelgrau abgetönt ist. Bindenanlage bei oberflächlicher Betrachtung etwas an *sertata* gemahnend, namentlich in Basalteile sowie im Außenfelde; die Mittelbinde jedoch ist marginalwärts kühn geschwungenem Bogen, so daß der gerade, schwarze Mittelpunkt (Mittelstrich) außerhalb der dunklen Binde in das hellere Mittelfeld basalwärts zu liegen kommt, während er bei *sertata* mittlings in der dunklen Mittelbinde liegt; hierin äußerst charakteristisch von *sertata* differenziert! Die basale (erste) dunkle Querbinde ist bei *Mariae* um 1 mm mehr gegen außen verschoben, viel schmaler als bei *sertata*; es folgt dann ein breites, helleres Querfeld, welches 1 mm weit von der Basalbinde und mit einer zarten, jedoch deutlich mit freiem Auge wahrnehmbaren einfachen Querlinie durchzogen wird; auch

hierin gut von *sertata* unterscheidbar. Knapp an die dunkle Mittelbinde anschließend folgen gegen außen zu — wie dies auch an mehreren *sertata*-Stücken wahrnehmbar ist — feine schwarze Längsstrichelchen, die bei *Mariae* an den Adern liegen; drei derselben im Diskus stechen besonders kräftig hervor. Der nun folgende Außenteil ist, abgesehen von dem dunkleren Tone bei *Mariae* wie bei *sertata* gehalten, d. h. von zwei aus kleinen Mondsichelchen gefügten, sehr feinen nach außen geschweiften Strichlinien geteilt genau wie bei *sertata*; bei dieser stehen aber an den Aderenden vor den Fransen schwarze Doppelpünktchen, welche bei *Mariae* fehlen, d. h. durch eine deutliche, feine, dunkle, völlig zusammenhängende Saumlinie ersetzt erscheinen. Die bei *Mariae* gegen *sertata* viel längere und (ebenfalls gegen *sertata*) dunkleren Saumfransen sind an den Aderenden deutlich schwarz und gedoppelt geteilt, also gescheckt. Knapp unter dem Apex an der Saumlinie stehen beim *Mariae*-♂ 2 deutliche, kleine schwarze Fleckchen, die ich bei keinem *sertata*-Stücke vorfinde. Die Hinterflügeloberseite nicht wie bei *sertata* weißgrau oder besser gesagt hellsilbergrau, sondern dunkelgrau mit 2 dunklen, schön gebogenen und leicht gezackten Querlinien im Außenfelde und einer weniger deutlichen, nicht gezackten im Mittelfelde; vor den gleichfarbigen — gegen *sertata* bedeutend dunkler gehaltenen — leicht gescheckten Fransen steht eine deutliche Saumlinie, welche dem *sertata*-♂ stets fehlt. Dagegen fehlt dem *Mariae*-♂ der jenem von *sertata* stets eigene, schmale Lappen der Hinterflügel. Also auch der Hflgl.-Oberseite nach ist *Mariae* von der nahen *sertata* äußerst charakteristisch differenziert. Der verblaßte Mittelpunkt des Hflgls. ist wie bei *sertata*-♂ gelagert. Die Unterseite gemahnt stark an *sertata*, ist aber dunkler als bei dieser.

b) beim ♀: Gesamteindruck heller als das ♂, alle dunkle Zeichnung und Bänderung deutlicher hervorstechend, mehrfach mit einem Stich ins Hellbraun, namentlich an den dunklen Mittelbinde, der große Mittelpunkt der Vflgl. fast in der Mitte des großen, dunklen Mittelteiles, hierin auf den ersten Blick hin äußerst markant vom ♀ der species *sertata* differenziert. Der Außenrand schön ausgerundet, viel voller als bei *sertata* (in beiden Geschlechtern!), der Flügelschnitt gedrungen und weiter rundlich ausholender als bei der mehr schräglinig begrenzten *sertata* (in beiden Geschlechtern!). Hflgl.-Oberseite Saumlinie wie im ♂. viel dunkler gehalten als bei *sertata*. Unterseiten korrespondierend, viel dunkler als bei *sertata*. Das ♀ von *sertata* zeigt im Analteile der Hflgl. auffallend lange Behaarung, welche jenem von *Mariae* gänzlich abgeht. Also eine vorzügliche neue Spezies, welche auch Herrn Conte E. TURATI, Mailand, zur Begutachtung vorgelegen hat und die von diesem hervorragenden Kenner der italienischen Lepidopterenfauna ebenfalls als völlig neue Art anerkannt und erkannt wurde. Mit der von TURATI und VERITY aufgestellten Lokalrassenform *sertata fumidata* aus den Seealpen hat *Mariae* nur das gegen *sertata sertata* dunklere Gesamtkolorit, sonst aber nichts gemein.

Abbildungen der Typen erfolgen zu gelegenerer Zeit. Vorläufig genügen vielleicht folgende Skizzen (Vflgl.!).

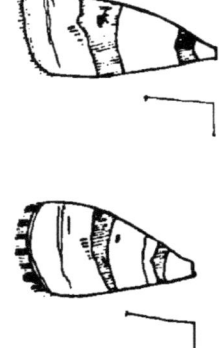

Der bewährten Redakteurin der Societas entomologica und Tochter des seligen Lepidopterologen F. RÜHL, dem Fräulein MARIE RÜHL, Zürich, in Dankespflicht gewidmet.

57. 28 Locusta : 15

Biologische Notizen über Locusta viridissima.

Von *M. Rühl.*

Man liest viel über Schutzanpassung, auch der von Orthopteren. Meist kann man den Ausführungen zustimmen, doch gibt es auch da Ausnahmen von der Regel und von einer solchen Ausnahme möchte ich hier berichten. Unsere Locusta viridissima führt im ganzen ein verborgenes Leben, sie macht sich nicht sehr bemerkbar und paßt in ihrem lichten Kostüm recht gut in das Laub der Gebüsche, wo man sie meist einzeln oder in einigen Exemplaren erbeutet.

Vor einigen Jahren befand ich mich mit meiner Schwester in Oberrickenbach im Engelbergtal; das Hôtel ist von einem größeren Garten umgeben, der in der Hauptsache Tannen von 2—3 m Höhe birgt. Die mit Kies bestreuten, gepflegten Wege waren von ca. 1 m breiten Wiesenstreifen begrenzt, auf

denen die verschiedensten Pflanzen und Blumen üppig durcheinander wuchsen, dahinter standen die Tannen. Gebüsch war nicht vorhanden. Auf den weißen Blütendolden der Peucedanum palustre saßen, krabbelten und wiegten sich beide Geschlechter der Locusta viridissima, sichtbar für jeden, in großer Anzahl, ohne sich im geringsten durch die Passanten nicht mal durch die Kinder stören zu lassen. Diese letzteren hatten allerdings einen gewissen Respekt vor ihnen, und wagten sie nicht zu berühren, aus Furcht „gebissen" zu werden. Als ich eines Morgens bei Aufbruch zu einer Tour recht frühzeitig in den Garten kam, bot sich mir ein reizender Anblick. Auf den großen, breiten Blättern von Rumex alpinus saßen, vielmehr lagen in schräger Haltung an die eine Blattseite gelehnt, alle in gleicher Richtung der Sonne zugekehrt, ganz leicht am Blattansatz angeheftet. Es wären ohne weiteres einige Dutzend Exemplare zu greifen gewesen. Das helle Grün der Tiere stach von dem dunklen Grün der Rumexblätter in reizvoller Weise ab; man konnte diese letzteren abschneiden, ohne daß die von Tau ganz nassen Schrecken sich rührten. Noch oftmals statteten wir den Schläfern einen Morgenbesuch ab, die sich erst ermunterten, nachdem die alles belebende Sonne sie beschienen. Von Schutzfärbung und Schutzanpassung konnte in diesem Falle keine Rede sein. Nicht nur waren sie nicht geschützt, weder bei Tag noch bei Nacht, im Gegenteil, sie boten sich am Tag auf den Dolden und nachts und am Morgen auf den Blättern geradezu wie auf dem Präsentierteller dar. Seitdem achte ich auf die Locusta, wohin ich auch komme; aber nie wieder ist mir ähnliches begegnet. Immer machte ich nur einzelne Funde, selbst da, wo die Art sicher zahlreicher vorhanden war; schlafend traf ich sie nie mehr an. Im Sommer 1920 verbrachte ich Juli und August-Wochen in dem entlegenen Valsertal. Ich war schon einige Male am Valserrhein aufwärts gegangen, ohne etwas besonderes zu bemerken, als plötzlich eine dicke Larve der Decticus verrucivorus auf den Weg plumpste. Ich sah mir den Graben und die kleine Wiese an, woher sie gekommen; in dem sehr dunkelgrünen Gras war nichts zu sehen; als ich aber in den Graben hinunterstieg, da hüpften die großen Larven zu Dutzenden nach allen Seiten, durch mich aus ihrer Ruhe gestört, herum. Sie befanden sich in einem Milieu, das sie ganz prachtvoll schützte. Niemand konnte ahnen, welch ein Leben in dem kleinen Stück Grasland herrschte.

Verzeichnis der Literatur der Societas entomologica.

(Fortsetzung aus Nr. 20 vom 19. Dezember 1914.)

1077) Ein neuer Zonabris aus dem Kaukasus,
   von Professor Jan Roubal.

1078) Verschiedene Coleopterologische Notizen,
   von Professor Jan Roubal.

1079) Wie leben können Raupen unter Wasser leben?
   von Franz Bandermann.

1080) Aberrative Raupen und Falter von Celerio. euphorbiae L.,
   von Franz Bandermann.

1128) Neue Coleopteren paläarktischer Provenienz, von Professor Jan Roubal.

1129) Notiz zu meinem Artikel „Neue Coleopteren paläarktischer Provenienz" bezüglich des Platynus assimilis Payk., von Professor Jan Roubal.

1130) Zuchtergebnisse mit der „Pappelglucke" Gastr. populifolia Esp., von Franz Bandermann.

1131) Carabus vagans Matheyi nov. subspec., von Paul Born.

1132) Callisthenes kuschakewitschi Plasoni nov. subsp., von Paul Born.

1133) Zuchtergebnisse mit der „Pappelglucke", Gastr. populifolia Esp., von Franz Bandermann.

1134) Vier seltene Aberrationen des Wolfsmilch-schwärmers Deilephila (Celerio) euphorbiae L., von Franz Bandermann.

1135) Berichtigung, von Franz Bandermann.

1136) Wie lange können Raupen unter Wasser leben? von Franz Bandermann.

1137) Spielarten, von Ph. Gönner.

(Schluß folgt.)

Entomologische Neuigkeiten.

Mr. O. F. Plath entdeckte im Jahre 1913 zufällig eine Anzahl Fliegenlarven und -Puppen in den Nestern von Astragalinus psaltria hesperophilus Oberholser und A. tristis salicamans Grinnell in der Umgegend von San Francisco. Beide Nester enthielten 9 junge Vögelchen, von denen 4 starben kurz ehe sie flügge waren. Die Larven waren weiß von Farbe, ungefähr 1 cm lang und ½ cm breit. Eine Anzahl von ihnen enthielt eine hellrote Substanz, die aussah wie Blut. Daraus schloß Mr. P., daß er es mit Schmarotzern zu tun habe, und daß die Nestlinge infolge Blutverlustes gestorben waren. Erst im Sommer 1917 kam er auf diese Beobachtung zurück und konnte sich der Sache widmen. Das erste untersuchte Nest von Zonotrichla leucophrys nuttali enthielt 36 ausgewachsene Larven, später fanden sich solche in allen Stadien der Entwicklung. Nahezu alle kleinen und halberwachsenen Larven zeigten die rote Substanz in ihrem Darm, während die ausgewachsenen Exemplare diese nur ausnahmsweise aufwiesen. Die mikroskopische Untersuchung ergab, daß es Blut von Vertebraten war und experimentell wurde es als Vogelblut nachgewiesen. Ein Nest des Goldfinken mit Jungen wurde in einen Käfig gebracht, von 200 Larven die 40 lebhaftesten ausgelesen und hineingesetzt. Keine derselben enthielt frisches Blut, manche der Tiere waren erst halb erwachsen. Am nächsten Morgen lag einer der Nestjungen am Boden und die Mutter samt den anderen saßen auf dem Nestrand, nicht wie sonst eng aneinander geschmiegt im Zentrum des Nestes. Zwei der Larven krochen am Boden des Käfigs herum; da ihnen es unmöglich war, selbst aus dem Nest herauszukommen, müssen sie von den Vögeln herausgeschmissen worden sein. Sie waren halb erwachsen und mit frischem Blut angefüllt.

Die 4 verbleibenden Nestjungen wurden nun sorgfältig untersucht; an den Beinen und den unteren Körperteilen eines jeden von ihnen fanden sich 4—5 Larven, auf dem Muttertier aber kein Stück. Bei der Untersuchung verließen die meisten ihre Opfer, mehrere aber mußten gewaltsam entfernt werden. Alle waren unausgewachsen und mit Blut gefüllt. An den Vögeln selbst war mit bloßem Auge nichts zu erblicken, weder wo die Larven in die Haut eingedrungen waren, noch zeigten sich blutige Stellen. Die 4 Jungen wurden nun in ein anderes Nest gebracht und das mit frischer Baumwolle gefüllt. Nachdem das Nest mit frischer Baumwolle gefüllt war, wurden die Vögel wieder hineingesetzt, wo sie sich auch mit ihrer Mutter in gewohnter Weise niederließen. Während der nächsten 11 Wochen wurden Versuche der verschiedensten Art fortgesetzt mit Larven aller Stadien; sie zeigten, daß sie in der Nacht am tätigsten sind, am Tag aber meist am Nestboden ruhig lagen. Manche der Nestlinge sind an Blutverlust im Laufe einiger Tage gestorben. Sind die Larven zur Verpuppung reif, begeben sie sich in den Nestboden, inmitten ihrer dort deponierten Exkremente und verwandeln sich. Zwei Wochen später schlüpfen die Fliegen aus. Die Widerstandskraft der Larven ist erstaunlich; einige, in 70prozentigen Alkohol verbracht, machten nach 24 Stunden noch kräftige Bewegungen; andere, zu Schnitten bestimmt, wurden während 6 Stunden in eine Fixierflüssigkeit gelegt, dann mit 50prozentigem Alkohol gewaschen und in 90prozentigen gebracht. Nach 2 Tagen waren sie noch am Leben und mußten in stärkere Flüssigkeiten gebracht werden. Wieder andere in starkes Insektenpulver gelegt, lebten darin 2—3 Tage. Während der Versuchswochen wurden 63 Nester verschiedener Arten untersucht, von denen 39 sich mit den Blut saugenden Larven besetzt zeigten. Diese gehören der Art Protocalliphora azurea Fallen an. Mr. Plath kommt zu folgendem Resultat: 5—10 Prozent der mit Parasiten besetzten Nestjungen sterben an Blutverlust und solche, die flügge werden, sind so geschwächt, daß sie leicht die Beute von Raubvögeln werden.

Daß, und in welchem Grade, Vögel nach geflügelten Insekten jagen, beweist folgender Fall. An einem heißen Tag des August 1919 erschienen in einem Garten der Grafschaft Essex Schwärme geflügelter Ameisen, die von Vögeln verfolgt wurden. Sie krabbelten auf ein Blumenbeet, von dem sie abzufliegen versuchten; so oft aber ein Tierchen den Versuch dazu machte, wurde es von einem Sperling, einem Fliegenschnäpper, einem Grünfinken u. anderen erfaßt und verzehrt, offenbar mit großem Appetit, denn man mußte sich nur wundern, wohin all die Tierchen verschwanden. Die Spatzen lernten in kluger Weise von den Fliegenschnäppern, wie man Insekten im Flug fängt.

Wohlfahrtis vigil Walker, eine Sarcophagide, wurde in Toronto zu verschiedenen Malen als Parasit in Kindern festgestellt.

Redaktion M. Rühl, Zürich VII. — Verlag des Seitz'schen Werkes (Alfred Kernen), Stuttgart. Druck von H. Laupp jr Tübingen.

1. September 1921.   No. 9.   36. Jahrgang.

Societas entomologica.

Gegründet 1886 von *Fritz Rühl*, fortgeführt von seinen Erben unter Mitwirkung bedeutender Entomologen und hervorragender Fachleute.

Toute la correspondance scientifique et les contributions originales sont à envoyer aux Héritiers de Mr. Fritz Rühl à Zurich VII. Pour toutes les autres communications, payements etc. s'adresser à Verlag des Seitz'schen Werkes (Alfred Kernen), Stuttgart, Poststr. 7.	Alle wissenschaftlichen Mitteilungen und Originalbeiträge sind an Herrn Fritz Rühl's Erben in Zürich VII zu richten, geschäftliche Mitteilungen, Zahlungen etc. dagegen direkt an den Verlag des Seitz'-schen Werkes (AlfredKernen), Stuttgart, Poststr. 7.	Any scientific correspondence and original contributions to be addressed to Mr. Fritz Rühl's Heirs in Zürich VII. All other communications, payments etc. to be sent to Verlag des Seitz'schen Werkes (Alfred Kernen), Stuttgart, Poststr. 7.

Die Societas entomologica erscheint monatlich gemeinsam mit dem Anzeigenblatt Insektenbörse. Bezugspreis laut Ankündigung in letzterer. Mitarbeiter erhalten 25 Separata ihrer Beiträge unberechnet.

---

57. 6 (43. 65)

Eine Winterkäferbeute von 1920 und Fangart.

Von Dr. *Wradatsch*.

Ein Winter mit Schneestürmen und dicken Eisdecken, mit Rauhreif und Eisblumen an den Fenstern war es nicht; er setzte vielmehr mit Regentagen ein und man mußte viel im Kote waten.

Mitte Januar wurde der sonst meist strenge Herr sogar freundlich und blieb es mit wenigen Ausnahmen bis zum 20. März, dem kalendermäßigen Schluß des Winters. Schneefälle gab es hier in Lichtenwald (jetzt Sevnica) überhaupt nur am 4. und 23. Januar, 9., 11. und 12. März.

Ich begann daher meine Winterausflüge am 15. Januar und machte genau mit Winterende Schluß.

An jedem Sammeltage wurde nur ein und dieselbe Fangart angewendet, da ich im Nachstehenden darlegen will, welches Resultat durch dieselbe erzielbar ist. Der 15. und 21. Januar waren sonnige Tage; an diesen beiden Nachmittagen sah ich mich bei den Scheunen und Stallungen nach Steinen um, die sonnseitig lagen. Die Käfer saßen zumeist auf der unteren Seite der gewendeten Steine. Um derselben habhaft zu werden, ist es bei ihrer Flüchtigkeit notwendig, ein grobes Tuch, welches das Laufen erschwert, oder besser noch den Kötscher mit flachem Boden zu unterlegen und den emporgehobenen Stein mit der Hand abzustreifen. Unter schattenseitig liegenden Steinen fand ich nichts.

Am 16. Januar und 16. Februar, die ebenso sonnig waren, siebte ich bei den Gebüschen auf niederen Hügelkämmen.

Die Käfer -- es handelt sich durchwegs um Minutien -- halten sich daselbst in guter Deckung in nächster Nähe der Wurzelstöcke auf, daher es dorthin kriechen heißt.

Das auf der Erde liegende Laub, das Moos an den Steinen und Baumrinden, das zermürbte, abgefallene Astwerk, alles wird in das Sieb geworfen, jedoch nicht zu große Portionen auf einmal, und gut 10 Minuten lang gerüttelt, denn die Tiere sind starr und gut eingehüllt, daher es zur Winterszeit länger mit dem Fallen durch die Siebmaschen dauert. Um das Auskriechen zu befördern, stellt man den Ausleseapparat auf den warmen Ofen; wer eine ge-

hörige Portion Geduld hat, kann das Gesiebsel prisenweise auf weißes Papier streuen und warten bis sich die Tierchen dazu machen, aus dem Häufchen herauszusteigen.

Ist der Tag lauwarm, wie es der 19. Januar war, so kann schon auf fliegende Käferchen Jagd gemacht werden.

Man benötigt hiezu ein kleines Fangnetz aus weißem Tüll, stellt sich hinter einen Düngerhaufen und fängt die Käfer seitlich, nicht von oben nach unten, oder umgekehrt, um sie nicht niederzuschlagen oder nichts zu erwischen.

Am reichhaltigsten war die Ausbeute in der Au der Seuntschna, eines bei Lichtenwald in die Save mündenden Baches. Ich siebte daselbst am 20. Januar, 7., 8., 9., 24. und 29. Februar, 2., 12. und 18. März. Außer dem schon vorher genannten Siebmateriale warf ich noch angeschwemmtes Reisig und Baumwurzelwerk in das Sieb und diesem Umstande dürfte es wohl zu verdanken sein, daß sich am 9. Februar der seltene *Trachodes hispidus* L. vorfand; auch gelang es mir, den hier ebenfalls seltenen *Neuraphes angulatus* Müll. und Kunze zu erbeuten.

Eingedenk einer reichhaltigen Beute, die ich in den letzten Januartagen des Jahres 1916 machte[1], begab ich mich auch diesmal wieder zu jener Scheune, die mir damals 100 Arten lieferte. Ich siebte dort am 22. und vom 24. bis inkl. 27. Januar.

Das Gebäude ruht auf Steinsockeln und der Scheunenboden liegt auf der Erde nicht auf, daher viel Spreu zwischen den Bretterfugen abfällt, die sich mit den Graswurzeln filzig verbunden hat. Ich riß letztere aus und siebte sie gut durch.

Bemerkenswert ist der Fang des seltenen *Phloeonomus monilicornis* Gyll.; *Xylodromus testaceus* Er. war in einem Stücke vertreten. Der nach REITTER in Deutschland nicht vorkommende *Onthophilus affinis* Redt. fand ich in zwei Exemplaren vor und ein Stück des ziemlich seltenen *Tachinus subterraneus* L. war auch da.

Kehricht- und Düngerhaufen wurden am 28. Januar, 27. Februar und 9. März einer eingehenden Durchsiebung unterzogen.

Das Siebmaterial muß feucht sein, daher die oberen Schichten derselben zu lassen sind, und nur

1) Vide „Die Käfer am und unter dem Scheunenboden“ in Dr. KRAUCHERS Entomologischen Jahrbuch 1917 Leipzig.

das am Erdboden Aufliegende in das Sieb zu bringen ist.

Xylodromus concinnus var. *ater* Ger. mit schwarzbraunen Flügeldecken, welcher von REITTER in seiner Fauna Germanica nicht, wohl aber im großen Catalogus Coleopterorum Europae usw. angeführt erscheint, fand sich in 3 Stücken vor, wohl nur deswegen, weil der Kehrichthaufen in unmittelbarer Nähe einer Harpfe, die jährlich mit Stroh beladen wird, liegt.

Bach- und Flußufergelände besuchte ich am 2., 15., 26. und 28. Februar, 7., 12. und 16. März. Röhricht, Schilf, Anspülicht, Flechten, Moose, Laub und Sand bildeten das Siebematerial.

Den mitgenommenen Exhaustor konnte ich nicht in Anwendung bringen, da freilaufend noch keine Käfer zu sehen waren.

Aus der Beute wären hervorzuheben: *Quedius tristis* Grav., der im allgemeinen selten ist, hier aber ziemlich häufig gefunden wird und der von mir seit 8 Jahren, die ich hier sammle, zum ersten Male erbeutete *Ancyrophorus longipennis* Fairm. Ein weiterer, nicht zu übersehender Fundort, der auch Seltenheiten bergen kann, ist der Boden rings um alte Baumstumpfen und Bäume.

Beim Auffassen des Gesiebsels halte man sich ganz nahe beim Fuße des Stammes, dringe in die Höhlungen, Einbuchtungen und zwischen die Wurzelverzweigungen ein, reiße die morsche Rinde weg, klopfe den Mulm in das Sieb, streife bei den Stümpfen die Sägefläche ab, entferne am Erdboden das oben aufliegende Laub und nehme die tiefer liegenden, verpilzten Blätter, sowie das am Stamme haftende Moos.

Unter den auf solche Weise am 4. u. 19. Februar, 5. u. 20. März gefundenen 27 Arten erwähne ich nur die Seltenheiten: *Orthochaetes setiger* Beck und *Agaricophagus cephalotes* Schmidt, obwohl auch eine *Cryptarcha strigula* F. und ein *Orobitis cyanaeus* Lin., dessen gute Präparation einen nervös machen kann, nicht zu verachten sind.

Geben wir den Wäldern zu, und zwar zunächst an den Waldesrand. Die Besuchstage waren der 10., 11. und 25. Februar.

Durchgesiebt wird die am Boden liegende Streu samt der oberflächlichen Erdschicht unter Hecken und Buschwerk, sowie das umherliegende dürre Geäste. Etwas besonderes bietet diese Oertlichkeit zur Winterszeit meist nicht; immerhin siebte ich zwei gute Arten: *Metopsia clypeata* Müll. und *Megarthrus affinis* Müll.

Am 6., 14. und 20. Februar gings mitten in die Waldungen, die hier ziemlich viel Felswände aufweisen. In den ausgehöhlten Felspartien war wegen ständiger Trockenheit nichts zu finden, daher ich das Material rings um die abgefallenen, auf Waldboden liegenden Felsstücke, sowie das darüber wachsende Moos durchsiebte.

Hier halten sich die Kleinsten der Kleinen, namentlich *Pselaphidae*, *Scydmaenidae* und von Silphiden der seltene *Nargus velox* Spenc. auf. Auf Oedland im Winter zu suchen, wie ich es am 13. Februar tat, lohnt sich wegen der 3 Tierchen, die ich daselbst fand, nicht.

Am 17. Februar kam ich in der Nähe des Seuntschnabaches auf Sumpfterritorium. Verdorrtes Schilf und Laub von Weiden wurde durchsiebt und verhältnismäßig viel an Staphylinen gefunden, unter anderen auch der seltene *Megarthrus depressus* Payk.; daß daselbst auch ein *Platystomus albinus* Lin., im Sumpfe nichts zu suchen hat, hinkam, mag wohl Zufall sein.

Meiner Lieblingsbeschäftigung, den Rindenkäfern nachzuspüren, konnte ich erst am 27. Februar, 4. und 6. März gerecht werden, da ich vorher keine abgelagerten Bäume fand, oder wenn vorhanden, so war die Rinde nicht schälbar und unter fest anliegender Rinde ist an Buchenbäumen, die hier fast ausschließlich zur Fällung kommen, nichts zu finden. Mit einem schmalen Stemmeisen, oder mit dem Schnitzer arbeitet es sich beim Abheben der nicht leicht lösbaren Rinde besser, als mit der zu stumpfen Krummharke.

Wie alljährlich seit 1914, fand ich auch heuer wieder am 4. März und noch bis anfangs April das seltene *Siagonium humerale* Germ.[1]), keine überwinterten, sondern frisch geschlüpfte Tiere, die sich heuer gut um 1 Monat verfrüht hatten. Eine weitere Seltenheit war *Pediacus dermestoides* Fabr. Obwohl in den meisten Käferbüchern als nur unter Eichenrinde vorkommend angeführt, finde ich diesen Käfer fast immer unter Buchenrinde, vielleicht wegen des hier geringeren Vorkommens von Eichen.

Am 25. April, als ich mit dem Schreiben dieser Abhandlung beschäftigt war, sah ich vom Fenster aus Leute mit dem Abladen von Eichenpfosten beschäftigt; ich suchte dieselben nach Käfern ab und richtig saßen auf der Oberfläche des Holzes 2 Stücke *Pediacus dermestoides*. Die Pfosten stammten aber nicht aus der näheren Umgebung Lichtenwalds. Helle Freude bereitete mir der Fund des seltenen, von WILHELM REDTENBACHER auf einer Alpe in Oesterreich ob der Enns entdeckten *Phloeostichus denticollis* W. Redt., der ebenfalls unter Buchenrinde saß, obgleich sein Vorkommen nur unter der Zwischenrinde des Ahorns gemeldet wird.

Möglicherweise war er mit einem Ahornstamme zu Tal befördert worden, denn unter dem Haufen von Buchenstümmen, die neben der Straße abgelagert wurden, befand sich auch ein Stamm, der keine Buche war, ob aber Ahorn, hatte ich nicht konstatiert, denn ich habe den Käfer zum erstenmal gefangen und konnte ihn demnach erst bei der Nachhausekunft bestimmen; daß er aber auch auf Buchen vorkommt, wird im Käferverzeichnisse des naturhistorischen Landesmuseums in Klagenfurt von KARL HOLDHAUS und THEODOR PROSSEN bestätigt, denn daselbst ist bei diesem Käfer zu lesen: Von Herrn Hofrat BIRNBACHER im Loibltale in einem alten Buchenstocke gefunden.

Eine Zufallsbeute waren die wenigen am 3. März in Gartenerde vorgefundenen Käfer, deren ich beim Umstechen der Beete habhaft wurde.

Am 8. März versuchte ich, ob es an den Baumschwämmen schon lebendig wird und hackte die

---

[1] Vide meinen Beitrag zum Fundorte des *Siagonium humerale* in Dr. KRANCHERS Entomologischen Jahrbuch 1916.

allerdings ganz vertrockneten harten Schwämme in das Sieb hinein.

Das Ergebnis war nicht einladend, um noch im Winter mit der Suche fortzufahren, da nur 4 gemeine Pilzfresser vorgefunden wurden.

Weil ich an diesem Tage in der Nähe der Grotte „*vranska peč*" zu deutsch „Krähenfels" im nahen Krain war, so machte ich noch einen Siebversuch am Eingange der Höhle, der sich lohnte, da im Gesiebe zwei *Trechus exaratus* Schaum. waren.

Müheloser und vielleicht nur wenig gekannt ist der Fang dieses Käfers mit Küder.

Ich setzte in den Lehmboden der Grotte, ganz nahe dem Eingange, ein Fläschchen mit einigen Stückchen Käserinden ein und als ich nach zwei Tagen dasselbe herausnahm, befanden sich 5 Stücke dieses ziemlich seltenen Käfers darin; auf diese Weise fing ich bei dreimaligem Einsetzen 23 Stücke.

Offenbar lieben die Ameisenkäfer ebenfalls die Feuchtigkeit, denn bei dem am 14. März unternommenen Ausflug auf diese Myrmecophilen konnte ich nur 5 Staphylinen-Arten fangen; das Jahr 1919, welches an Nässe nichts zu wünschen übrig ließ, bescherte mir viel mehr und aus verschiedenen Gattungen; die Nester waren aber auch tief hinein feucht, während diesmal alles strohtrocken gewesen ist.

Die letzte Oertlichkeit, die Straße, gehört eigentlich schon der Frühjahrssaison an, da aber der 17. März kalendermäßig noch in den Winter fällt, so nehme ich die wenigen Tiere, die ich daselbst fing, noch in das Käferverzeichnis hinein.

Im Folgenden wird die Winterbeute systematisch nach dem bereits erwähnten großen Katalog mitgeteilt und wurde jedem Käfer der Fangtag vorgesetzt.

I. **Carabidae.**
3. 8. Procrustes coriaceus L.
7. 2. Bembidion Andreae v.
Bualei Duv.
24. 2. — ustulatum L.
20. 1. — elongatum Dej.
27. 1. — guttula F.
8. 2. — biguttatum Fabr.
17. 2. — lunulatum Geoffr.
16. 1. Trechus striatus
Schrank.
2. 2. — palpalis Dej.
2. 2. — rotundipennis
Duft.
14. 2. — croaticus Dej.
8. 3. — exaratus Schaum.
12. 2. Panagaeus crux major
ab. Schaumi Ganglb.
3. 3. Chlaenius nitidulusSchr.
17. 3. Harpalus aeneus Fabr.
28. 1. Acupalpus meridianusL.
17. 3. Amara aenea Deg.
16. 3. Agonum ruficorneGoeze.
8. 3. PlatynusscrobiculatusF.
15. 1. — dorsalis Pont.
24. 2. Dromius longiceps Dej.
10. 2. DemetriasatricapillusL.
15. 1. Brachinus explodens
Duft.

II. **Staphylinidae.**
4. 3. Siagonium humerale
Germ.
10. 2. Metopsia clypeata Müll.
17. 2. Megarthrus depressus
Payk.

10. 2. Megarthrus affinis Müll.
27. 1. — denticollis
Beck.
26. 1. Proteinus ovalis Steph.
8. 2. — brachypterus F.
16. 2. — macropterus Gyll.
25. 2. Anthobium florale Panz.
6. 3. Phyllodrepa ioptera
Steph.
19. 1. Omalium rivulare Payk.
22. 1. — caesum Grav.
22. 1. Phloeonomus monilicornis Gyll.
28. 1. Xylodromus concinnus
var. ater Ger.
22. 1. — testaceus
Er.
19. 1. Lathrimaeum melanocephalum Gyll.
28. 1. — atrocephalum
Gyll.
28. 2. Ancyrophorus longipennis Fairm.
15. 2. Trogophloeus dilatatus
Er.
6. 2. — elongatulus Er.
6. 2. — impressus Lac.
17. 2. — corticinus Grav.
15. 1. Oxytelus rugosus F.
17. 2. — — v. pulcher
Grav.
19. 1. — tetracarinatus
Block.
2. 2. Platystethus arenarius
Geoffr.

28. 2. Stenus biguttatus L.
21. 1. — bipunctatus Er.
19. 1. — bimaculatus Gyll.
21. 1. — ater Marsh.
17. 2. — clavicornis Scop.
28. 1. — fossulatus Er.
2. 2. — pusillus Er.
22. 1. — nanus Steph.
20. 1. — circularis Grav.
27. 1. — fuscipes Grav.
6. 2. — brunnipes Steph.
26. 2. — cicindeloides.
Schall.
27. 1. — subaenens Er.
8. 2. — geniculatus Grav.
17. 2. — flavipalpis Thoms.
17. 2. — impressus Germ.
11. 2. — Erichsoni Rye.
11. 2. — montivagus Heer.
17. 2. — pallipes Grav.
15. 1. Astenus filiformis Latr.
22 1. — angustatus Payk.
16. 2. — neglectus Märk.
20. 1. Paederus ruficollis F.
15. 2. — sanguinicollis
Steph.
8. 2. riparia
20. 1. — limnophilus Er.
16. 1. — litoralis Grav.
17. 2. — Baudii Fairm.
28. 1. Stilicus subtilis Er.
16. 3. — rufipes Germ.
25. 1. — similis Er.
21. 1. — orbiculatus Payk.
21. 1. — Erichsoni Fauv.
28. 1. Scopaeus sulcicollis var.
28. 1. — cognatus Rey.
20. 2. Medon brunneus Er.
12. 3. — fusculus Mannh.
22. 1. — melanocephalus F.
16. 2. Leptacinus batychrus
Gyll.
14. 3. — formicetorum
Märk.
15. 1. Xantholinus angustatus
Steph.
22. 1. — linearis Er.
28. 1. — — v. longiventris
Heer.
26. 1. Philonthus immundus
Gyll.
22. 1. — debilis Grav.
24. 1. — varius Gyll.
22. 1. — fimetarius Grav.
22. 1. — nigrita Grav.
8. 2. — tenuis Fabr.
29. 2. — vernalis Grav.
22. 1. — nigritulus Grav.
22. 1. — splendidulus Grav.
19. 1. Quedius cinctus Payk.
2. 2. — tristis Grav.
22. 1. — riparius Kell.
24. 1. — lucidulus Er.
15. 2. — paradisianusHeer.
15. 2. Mycetoporus longicornis Mäkl.
17. 2. — longulus Mannh.
15. 2. — clavicornis Steph.
29. 2. Conosoma pubescens
Grav.
24. 2. — immaculatum
Steph.
25. 1. Tachyporus nitidulus F.

25. 1. Tachyporus macropterus Steph.
24. 1. — pusillus Grav.
10. 2. — ruficollis Grav.
26. 1. — atriceps Steph.
24. 1. — hypnorum F.
27. 1. — solutus Er.
8. 2. — abdominalis F.
10. 2. — obtusus L.
24. 1. Tachinus subterraneus
L.
8. 2. — collaris Grav.
8. 3. Oligota granaria Er.
6. 2. Gyrophaena bihamata
Thoms.
9. 2. Leptusa haemorrhoidalis Heer.
4. 3. Holitochara obliqua Er.
21. 1. Autalia impressa Oliv.
7. 2. Falagria sulcata Payk.
7. 2. — major Grav.
15. 1. Cardiola obscura Grav.
27. 1. Tachyusa umbratica Er.
15. 1. Atheta insecta Thoms.
13. 2. — melanocera
Thoms.
24. 1. — elongatula Grav.
16. 2. — coriaria Kr.
6. 2. — gagatina Baud.
4. 3. — myrmecobia Kr.
15. 1. — sodalis Er.
20. 2. — pilicornis Thoms.
15. 1. — trinotata Kr.
5. 3. — oblonga Er.
16. 2. — analis Grav.
14. 3. Notothecta flavipes
Grav.
15. 1. AstilbuscanaliculatusF.
15. 1. Zyras collaris Payk.
12. 2. Ocalea badia Er.
16. 3. — picata Steph.
22. 1. Oxypoda opaca Grav.
16. 3. — umbrata Gyll.
27. 1. — alternans Grav.
14. 3. — haemorrhoaSahlb.
14. 3. — formiceticola
Märk.
16. 2. Aleochara crassicornis
Lach.

III. **Pselaphidae.**
15. 2. Brachygluta haemoptera Aubé?
15. 1. — fossulata Reichb.
19. 1. — haematica Reichb.
14. 2. Bythinus clavicornis
Panz.
6. 2. — Curtisi Denny.
25. 2. — securiger Reichb.

IV. **Scydmaenidae.**
29. 2. Neuraphes angulatus M.
u. Kunze.
14. 2. — elongatulus Müll.
5. 3. Euconnus Motschulskyi
Strm.
20. 3. — denticornisMüll K.
17. 2. — hirticollis Illig.
14. 2. — oblongus Strm.

V. **Silphidae.**
20. 2. Nargus velox Spenc.
4. 2. — Wilkini Spenc.
8. 3. Catops alpinus Gyll.
11. 2. — nigrita Er.
11. 2. — morio F.
17. 8. Aclypea undata Müll.
(Schluß folgt.)

Entomologische Neuigkeiten.

Ein ungewöhnlicher Fall von Parasitismus wurde im Staat Arkansas entdeckt. Ein Sammler holte von Aluus americana Nymphen der Cercopide Clastoptera obtusa Say heim. Den Speichel dieser Art fand er mit Larven einer Dipterenspezies durchsetzt; viele derselben hafteten auf den Clastoptera. Als er eine Fliegenlarve nahm und sie in die Nähe einer Wanzennymphe setzte, beeilte sie sich auf der Seite des Abdomens (zwischen dem 4. und 5. Segment) der letzteren anzuheften, sich umzukehren und ihr Hinterteil auf ihrem Rücken anzubringen. Gewöhnlich fand sich nur je eine Dipterenlarve auf einer Wanze, ausnahmsweise auch 2 Exemplare. Die Larven verpuppten sich nach ca. einem Tag und ergaben acht Tage später die Fliegen, deren Bestimmung auf Drosophila inversa Walker lautete. Die Art scheint nur bei C. obtusa vorzukommen, denn zahlreich aufgefundene C. proteus-Nymphen waren völlig frei von ihr. Sie lebt offenbar von dem Speichel, den die Wanze produziert, ist also kein Schmarotzer und nur insofern Parasit; auch dient ihr die Wanze als Transportmittel.

Da die Korrekturen nicht rechtzeitig zurückkamen, mußte die Nummer ohne dieselben gedruckt werden. Der Verlag übernimmt daher keine Verantwortung für etwaige Druckfehler.

Redaktion M. Rühl, Zürich VII. — Verlag des Seitz'schen Werkes (Alfred Kernen), Stuttgart.
Druck von H. Laupp jr in Tübingen.

1. Oktober 1921.　　　　No. 10.　　　　36. Jahrgang.

Societas entomologica.

Gegründet 1886 von *Fritz Kühl*, fortgeführt von seinen Erben unter Mitwirkung bedeutender Entomologen und hervorragender Fachleute.

Toute la correspondance scientifique et les contributions originales sont à envoyer aux Héritiers de Mr. Fritz Rühl à Zurich VII. Pour toutes les autres communications, payements etc. s'adresser à Verlag des Seitz'- schen Werkes (Alfred Kernen), Stuttgart, Poststr. 7.	Alle wissenschaftlichen Mitteilungen und Originalbeiträge sind an Herrn Fritz Rühl's Erben in Zürich VII zu richten, geschäftliche Mitteilungen, Zahlungen etc. dagegen direkt an den Verlag des Seitz'- schen Werkes (Alfred Kernen), Stuttgart, Poststr. 7.	Any scientific correspondence and original contributions to be addressed to Mr. Fritz Rühl's Heirs in Zürich VII. All other communications, payments etc. to be sent to Verlag des Seitz'schen Werkes (Alfred Kernen), Stuttgart, Poststr. 7.

Die Societas entomologica erscheint monatlich gemeinsam mit dem Anzeigenblatt Insektenbörse. Bezugspreis laut Ankündigung in letzterer. Mitarbeiter erhalten 25 Separata ihrer Beiträge unberechnet.

57.09 Apis : 11.854

Zur Bionomie der Insekten.

IV. Vom Geruchsinn der Bienen.

Von *Wilhelm Götz.*

In dem kurzen Bericht der Ergebnisse meiner Versuche über den Gesichtssinn der Bienen, setzte ich die Orientierung durch das Gesicht keinen Zweifeln mehr aus. Die betreffenden Versuche hatten alle die Intensität zum Gegenstand, und ihr positives Ergebnis bestätigte meine Voraussetzung.

Meiner hypothetischen Darlegung in der Einleitung zufolge, kann bei einer intensiven Entwicklung des Gesichtes, nicht auch noch der Geruch Hauptfunktionen innehaben. Der bequem daraus gezogene Schluß ist aber selbst wieder Hypothese, und dabei muß man doch bedenken, daß die Natur sich nicht nach unseren Lehren und unserem System richtet, was heute noch vielfach unbewußt verfochten wird, sondern daß die Lehren und die Systeme ein getreues Abbild unserer Naturkenntnis sein sollen, sich daher jeweils dem Stand der Kenntnisse anzupassen haben, und nie zum Dogma werden dürfen.

— — Beim Beginn meiner hier berichteten Versuche und Beobachtungen war ich mir im klaren, daß der Geruchsinn bei den Bienen für die Orientierung eine Bedeutung nicht haben kann. Da aber Intuition nicht im entferntesten den Tatsachen immer entspricht, so mußte hier neben dem Versuch, die Beobachtung in freier Natur die Beweisargumente liefern. Ich sage ausdrücklich die Freibeobachtung, denn das Experiment ist eine gemachte Sache, und in vielen Fällen das Resultat auch eine „Mache“. Die Bedeutung des Experimentes ist nur dann unverringert, wenn das Ergebnis ein positives ist[1]. Erhalten wir aber ein negatives Resultat, so können unendlich viele unbeachtete Faktoren ein positives Ergebnis vereitelt haben, ohne daß man dadurch auch nur einen Funken weitergekommen wäre in der Gewißheit des Nichtseins. — Gerade dieser Punkt wurde bisher kaum beachtet, sondern den negativen Versuchsergebnissen derselbe Wert beigelegt, wie den positiven.

[1] Zwischen Gefangenbeobachtung und Experiment ist streng zu unterscheiden, da letzteres eine Frage ist, die nur ein ja oder nein verlangt und nur manchmal auch zum ja noch Punkte des wie erhellt.

Weshalb ich bei der Untersuchung des Gesichtssinnes gerade ein Experiment für ausschlaggebend betrachtete, dürfte jetzt verständlich geworden sein. Es versteht sich von selbst, daß auch im ersten Fall die Freibeobachtung eine Rolle spielte, da aber alle dasselbe Ergebnis zeitigten, hielt ich es für angebracht, nur das evidenteste Beispiel, das auch noch ein Streiflicht auf verwandte Fragen wirft, zu berichten, um die ohnehin schon so umfangreiche Literatur nicht noch durch lange Versuchsreihen zu belasten, wie auch der Streit um die Frage der Orientierung durch das Gesicht endlich zu Ende geführt sein dürfte!

Die Beantwortung dieser Frage mit ja führt logisch keineswegs zu einem Nein für die noch immer brennende Frage der Orientierung durch das Geruchsvermögen, da beide Sinne in der gleichen Weise beteiligt sein können. Es wäre ja sehr ungerecht, wollte man nur die Argumente anerkennen, die für den Gesichtssinn ins Feld geführt werden, und die Tatsachen, die für den Geruchsinn sprechen, völlig ignorieren. Wenn man lange Versuchsreihen der verschiedensten Art zu beweisen versucht, daß der Geruchsinn bei der Orientierung nicht beteiligt ist, so hielt ich äußerste Vorsicht bei den Versuchen für angebracht, da oder die Schlüsse meist oder nur aus negativen Versuchsergebnissen gezogen wurden. — Wenn ich bei diesem Punkt länger verweile wie sonst, so mag es als Entschuldigungsgrund gelten, daß eine strittige Frage zu lösen ist, über die die Ansichten zwei extreme Richtungen einschlagen Die nachstehend berichteten Versuche mögen als Beitrag aufgefaßt werden, die wirklichen Tatsachen ans Licht zu bringen.

1. Im Obstgarten, in dem während der Obstreife die verschiedensten süßen Früchte zertreten und angefressen herumliegen, sehen wir die verschiedensten Vertreter der Insekten reiche Ernte halten. In den allermeisten Fällen vermissen wir die Bienen. die eben, nach der Aussage verschiedener Praktiker, solche Fruchtsäfte als Nahrung nicht annehmen. — Ein ganz verändertes Bild zeigte uns der Garten in diesem Sommer (1920). Plötzlich eintretende feuchte Witterung ließ das Steinobst aufspringen, und an diesem reichen Tisch fanden sich nicht allein Wespen, Ameisen und Fliegen ein, sondern auch Bienen und in nicht geringer Anzahl. Auffällig war. daß Bienen sich nur an Zwetschgen und blauen Pflaumen Nah-

rung suchten, niemals aber an grünen Reineclauden oder gelben Mirabellen. Desgleichen fand man Bienen nie an Birnen, Aepfeln und Pfirsichen.

2. Um die Frage zu prüfen, ob Bienen die übrigen Früchte als Nahrung nicht annehmen, wurden die verschiedensten Früchte zerschnitten und an einen von Bienen besuchten Ort gebracht, der auch nicht zu weit vom Immenhaus entfernt war. Da sich aber trotz langem Warten keine Bienen einfanden, so war ich gezwungen, einige Bienen auf diese Süßigkeiten aufmerksam zu machen. — Eine Blume, auf der sich eben eine Biene niederläßt, wird nach Möglichkeit rasch abgeschnitten und die daraufsitzende Biene in „unliebsame" Berührung mit dem flüssigen Inhalt einer Reineclaude gebracht. In den meisten Fällen sucht die Biene aus Schreck über das Geschehene das Weite. Ist das Tier aber gezwungen, die Flügel von dem klebrigen Stoff zu befreien und wird es auf die hier in Massen sich findende Nahrung aufmerksam, so beginnt unser Versuch. Das Tier eilt mit einem Oelfarbe- oder Lackzeichen versehen in den Stock, und kehrt meistens wieder, selbst die reichste Tracht im Stiche lassend[1]). Die folgenden Zahlen, die als Durchschnittswerte aus meinen zahlreichen Versuchsreihe und Abänderungen gewonnen wurden, mögen ausführliche Ergebnisberichte ersetzen, da das Ergebnis des einzelnen Versuches um diese Werte schwankt, von wenigen Ausnahmen abgesehen, die aber an der Grundtatsache nichts ändern.

Von 100 Tieren, die sich nach der Reinigung noch am Köder gütlich taten, kehrten zurück 87. Von diesen 87 gezeichneten werden etwa 10 ungezeichnete mitgebracht. Bei dem nun einsetzenden regelmäßigen Besuch wächst die Zahl der Mitläufer auf etwa das 3—4fache, was durch Kennzeichnung mit einer besonderen Farbe ermittelt wurde. Die Bedingungen für obige Zahlen waren 2—3stündige Versuchsdauer, bei keiner allzugroßen Entfernung des Immenhauses (100—200 m). Ein Minimum sei erwähnt, bei dem von 11 Versuchstieren nur 2 weitere Genossinnen mitgebracht wurden. Bei Wiederholung des Versuches an darauffolgenden Tagen wird dieser Köder von den meisten Arbeiterinnen eines Volkes als Nahrung angenommen. Als zufällig muß ich es bezeichnen, wenn unter den „Mitläufern" sich auch Individuen eines andern Volkes befinden. Diese Fremdlinge, die wohl zufällig an den Köder gelangten, bringen ihrerseits Genossinnen mit, ohne daß ich bei kleinem Köder „Futterneid" beobachten konnte. Die Feststellung obiger Tatsache wurde dadurch erleichtert, daß ich nur mit Bienen arbeitete, deren Stöcke mir bekannt und zugänglich waren, wo dann die zum Stock anfliegenden gezeichneten Bienen leicht überwacht werden konnten.

3. Im Garten des Kehler Krankenhauses bot ein reicher Blumenflor Beobachtungsgelegenheit, zumal ganz in der Nähe sich befindliche Bienenstöcke überreiches Material abgaben. Mit dem Bienenhaus und den Blumen des Gartens in Opposition steht der Pavillon des Gartens, in dem der folgende Versuch spielte. An den Garten weiterhin grenzen öde Kiesbänke, eine Wasserfläche und Kulturland, das den Bienen irgendwelche Nahrung nicht bot. Unter die-

1) Siehe unter 3.

sen Bedingungen wiederholte ich den Versuch mit Ködern der verschiedensten Art, wie (parfümiertes) Zuckerwasser, Honig, Früchten, mit denselben Ergebnissen.

Aus der 1. Beobachtung ist zu ersehen, daß Bienen gewisse Fruchtsäfte ohne Zwangsbedingungen annehmen. Aus den Versuchen mit Ködern (Trauben, Zwetschgen, Pflaumensorten, süßen Aepfeln und Birnen, Pfirsichen, Erd- und Himbeeren, künstlich präparierte Fruchtsäfte usw.) folgt, daß unter den verschiedenen Sorten weiter kein Unterschied gemacht wird, sofern sie nur genügend Zuckerstoff enthalten. Wenn einzelne Früchte ohne Zwangsregel nicht besucht werden, so glaube ich, geschieht dies nur darum, weil die Bienen diese Art von Nahrungserwerb nicht kennen, denn die Bienen halten sich bis zu einem gewissen Grad an Blumen, die sie instinktiv kennen. Neu eingeführte tropische Blumen werden aus Aehnlichkeit der Farbe angenommen, und zum Schluß und nicht am geringsten, lernt die Biene verschiedene andere Blumen und sogar Früchte (1) aus Erfahrung kennen und als Nahrungsquelle schätzen. Ob aber eine Anleitung junger Arbeiterinnen durch ältere stattfindet, diesen oder jenen bisher nicht beachteten Stoff als Nahrung einzutragen, entzieht sich meiner Kenntnis; auch scheinen Beobachtungen darüber nirgends vorzuliegen.

Wie ich oben schon erwähnt habe, läßt die Biene bei reichlichem Köder selbst die vollste Tracht im Stich. Ganz besonders erhellt dies aus Versuch 3, bei dem die Bienen zu den nahrungspendenden Blumen um die Hälfte näher hatten, wie zum Köder, der allerdings die Nahrung in größeren Mengen bot. Glänzend wird dadurch der Einwand gewisser Praktiker und gleichzeitig Bienenforscher widerlegt, daß die Bienen während der Tracht „das größte Faß Honig neben dem Stock nicht annehmen", sondern erst „bei Nahrungsmangel", „daß sie den Honig riechen, untersteht ja keinem Zweifel". Gewiß ein schöner Ausweg, um sich vor der Tatsache zu drücken, daß Bienen gebotene Nahrung verschmähen; wie meine Versuche zu beweisen versuchen, liegen die Verhältnisse anders.

Aus den Versuchsreihen 2 ersieht man auch, daß eine Verständigung bis zu einem gewissen Grad stattfinden muß. Wie auch von anderen Forschern nachgewiesen wurde, besteht die Möglichkeit sich zu verständigen, wie dies beim Zusammenleben in so kompliziertem Staatswesen, bei so hoher Arbeitsteilung kaum anders denkbar. Wie weit diese Verständigung geht, darüber gehen die Ansichten sehr auseinander, auch liegen greifbare Tatsachen nicht vor. Auch ich muß diese Frage offen lassen mangels genügendem Tatsachenmaterial; denn mit Ansichten kann hier niemand gedient sein, da solche nur Verwirrungen anrichten, wie wir es in diesen Fragen zur Genüge kennengelernt haben.

Auf Grund von Tatsachen der Beobachtung und Versuche vieler Forscher gegnerischer Richtung und der Vertreter der Richtung wage ich die Frage dahin zu entscheiden, daß die Bienen bei der Orientierung sich des Geruches nicht bedienen[1]).

Der Ausnahmefall unter 1, daß in diesem Jahr die Bienen aus sich an Fruchtsäfte gehen, erkläre ich mir daraus, daß die Lieblingsfarbe der Bienen blau sein soll (nach FOREL) und die Bienen sich daher an die blauen Zwetschgen und Pflaumen gemacht haben, die ihnen vielleicht blaue Blüten vortäuschten. Daß aber so und so viele Forscher annahmen, daß die Bienen sich mit dem Geruch orientieren, mag vielleicht auf falschem Rückschluß beruhen. Der Duft vieler Blüten mußte doch einen Geruchsinn der besuchenden Insekten voraussetzen. Die Farbenpracht wird aber keineswegs erklärt dadurch. Müssen denn gerade die Bienen die Tiere sein, für die der Geruch entwickelt wurde? Man kann ja auch annehmen, daß gewisse „Nasentiere" die Entwicklung des Geruches veranlaßten, und damit parallel kann die Entwicklung der leuchtenden Farben der Blumenblätter durch die Bienen usw. gedacht werden. Gestützt wird diese Annahme durch die Tatsache, daß es stark duftende Blumen von unauffälliger Farbe, und auffällige Blumen ohne Duft gibt. Daraus ersteigt eine neue Schwierigkeit: Der Besuch stark riechender unauffälliger Blüten (Linde, Resede usw.) durch Bienen. Ich glaube auf der rechten Spur zu sein, wenn ich annehme, daß es sich hier um eine sekundäre Erscheinung handelt, und zwar sind die Geruch[2]) und die Unauffälligkeit durch die hauptsächlichen Besucher, die Nasentiere (hauptsächlich Nachtschmetterlinge aus der Gruppe der *Sphingidae*) heraus entwickelt worden. Nachträglich tauchten die Bienen als zufällige Besucher auf und die gute Tracht ließ schließlich auch diese Pflanze in die Reihe der instinktiv bevorzugten aufnehmen, ohne daß der Geruch in irgendeiner Weise beteiligt gewesen wäre. Die Bemerkung, daß der Duft der Blüten durch Riechtiere herausentwickelt wurde, möchte ich als Hilfshypothese zur Erklärung meiner Folgerungen aufgefaßt wissen.

Nachwort: „Die Forschung soll nie die Wahrheit der Klarheit zum Opfer bringen, denn was heute unwahr ist, bleibt immer unwahr, was aber heute nicht klar ist, kann später klar werden."

57. 6 (43. 65)

Eine Winterkäferbeute von 1920 und Fangart.

Von Dr. *Wradatsch.*

(Schluß).

VI. *Liodidae.*
19. 2. Agaricophagus cephalotes Schmidt.
20. 1. Clambus minutus Strm.

VII. *Corylophidae.*
28. 1. Sericoderus lateralis Gyll.

VIII. *Trichopterygidae.*
28. 1. Ptenidium pusillum Gyll.
19. 1. Acrotrichis grandicollis Marsh.

IX. *Scaphidiidae.*
6. 2. Scaphosoma agaricinum L.

X. *Histeridae.*
27. 1. Onthophilus striatus Forst.
27. 1. — affinis Redt.

XI. *Hydrophilidae.*
19. 1. Helophorus viridicollis Steph.
17. 2. Anacaena limbata F.
19. 1. Cercyon haemorrhoidalis F.
19. 1. — quisquilius L.
2. 3. — granarius Er.
27. 1. Megasternum boletophagum Marsh.

XII. *Nitidulidae.*
4. 3. Epuraea obsoleta Fabr.
4. 2. Cryptarcha strigata F.
6. 3. Rhizophagus bipustulatus Fabr.

XIII. *Cucujidae.*
2. 2. Monotoma bicolor Villa.
6. 3. Silvanus unidentatus F.
6. 3. Uleiota planata Lin.
4. 3. Pediacus dermestoides Fabr.
4. 3. Phloeostilpus denticollis W. Redt.

XIV. *Cryptophagidae.*
24. 1. Cryptophagus scanicus L.
7. 2. — badius Strm.
27. 1. Atomaria fuscata Schönh.
27. 1 — ruficornis Marsh.

XV. *Lathridiidae.*
5. 3. Dasycerus sulcatus Brong.
27. 1. Lathridius nodifer Westw.
11. 2. Enicmus minutus L.
11. 2. Corticaria pubescens Gyll.

XVI. *Mycetophagidae.*
8. 3. Mycetophagus atomarius F.

XVII. *Cisidae.*
8. 3. Cis Jaquemarti v. glabratus Mell.
8. 3. — micans Fabr.
20. 1. Octotemnus glabriculus Gyll.

XVIII. *Colydiidae.*
27. 2. Ditoma crenata Fabr.
4. 2. Diodesma subterranea Guer.
16. 2. Myrmecoxenus subterraneus Chev.

XIX. *Endomychidae.*
11. 2. Cerylon ferrugineum Steph.
15. 1. Sphaerosoma globosum Strm.

XX. *Coccinellidae.*
11. 2. Subcoccinella 24 punctata Lin.
16. 1. Coccinella 4 punctata Pont.
27. 1. Thea 22 punctata L.
16. 1 Propylea 14 punctata a. tetragonata Laich.
11. 2. Platynaspis luteorubra Götze
6. 2. Pullus haemorrhoidalis Herbst.

XXI. *Byrrhidae.*
17. 3. Lamprobyrrhulus nitidus Schall.
4. 2. Pedilophorus auratus Duft.
2. 2. Syncalypta palleata Er.

XXII. *Elateridae.*
8. 2. Hypnoidus dermestoides v. tetragraphus Germ.

XXIII. *Eucnemidae.*
8. 2. Trixagus carinifrons Bonv.

XXIV. *Ptinidae.*
28. 1. Ptinus brunneus Duft.

XXV. *Pythidae.*
25. 2. Rhinosimus planirostris Fabr.

XXVI. *Anthicidae.*
18. 3. Anthicus formicarius Goeze.
31. 1. — antherinus Lin.

XXVII. *Melandryidae.*
6. 3. Orchesia grandicollis Rosenh.

XXVIII. *Tenebrionidae.*
20. 3. Scaphidema metallicum a. bicolor F.
11. 2. Laena vienensis Strm.

XXIX. *Chrysomelidae.*
24. 2. Lema puncticollis Curtis.
15. 1. Lamprosoma concolor Strm.
17. 3. Chrysomela rufa Duft.
17. 3. — crassimargo Germ.
28. 1. Phaedon laevigatus Duft.
19. 1. — cochlearius a. henderae Suffr.
6. 2. — v. lugubris Weise.
6. 2. — v. nobilis Weise.
16. 1. Phyllotreta flexuosa Illig.
2. 2. — vittata Fabr.
22. 1. — v. monticola Weise.
24. 2. — atra Fabr.
10. 2. — cruciferae Goeze.
5. 3. Aphthona euphorbiae Schrank.
11. 2. Longitarsus melanocephalus Deg.
10. 2. Dibolia femoralis Redt.
20. 3. Mniophila muscorum Koch.

XXX. *Anthribidae.*
17. 2. Platystomus albinus Lin.

XXXI. *Curculionidae.*
17. 2. Otiorrhynchus austriacus F.
26. 2. — rugosostriatus Goeze.
10. 2. Sciaphilus asperatus Bonsd.
29. 2. Sitona sulcifrons Thunb.

---

1) Versuche mit Abschneiden der Fühler, dem vermeintlichen Sitz der Geruchsorgane berichtete ich hier richt, da dies von anderer Seite schon zur Genüge getan wurde (Forel, Bethe, von Uexküll, Buttel-Reepen).

2) Der Geruch ist sehr stark, wenn er auch unsern Geruchsorganen nicht zu erscheinen, die von großen Entfernungen herbeifliegenden Nachtfalter beweisen das zur Genüge.

4.2. Adexius acrobipennis Schönh.
9.2. Trachodes hispidus L.
17.3. Hypera oxalidis Herbst.
27.1. Phytonomus punctatus Fabr.
27.1. — nigrirostris F.
25.1. — variabilis Herbst.
17.2. — viciae Gyll.
29.2. Dorytomus longimanus Forst.
19.2. Orthochaetes setiger Beck.
16.1. Acalles roboris Curt.
4.2. — hypocrita Boch.
4.2. — lemur Germ.
5.3. Rhinoncus castor Fabr.
26.2. — bruchoides Herbst.
8.2. Phytobius quadricornis Gyll.
16.1. Ceuthorrhynchus nigrinus Marsh.
11.2. — floralis Payk.
11.2. — asperifoliarum Gyll.
5.3. — marginatus Payk.
13.2. — pleurostigma Marsh.
11.2. — chalybaeus Germ.
20.3. Orobitis cyaneus Lin.
29.2. Anthonomus pedicularius L.

16.1. — pomorum Lin.
5.3. Tychius lineatulus Steph.
11.2. — tomentosus Herbst.
5.3. — picirostris Fabr.
16.1. Orchestes rufus Schrank.
16.1. — fagi Lin.
24.2. Apion laevigatum Payk.
29.2. — seniculus Kirby.
9.2. — vicinum Kirby.
6.2. — nigritarse Kirby.
27.1. — assimile Kirby.
4.2. — apricans Herbst.
20.2. — violaceum a. virescens Schilsk.
2.3. — minimum Herbst
27.2. — pisi F.

XXXII. Ipidae.
5.3. Blastophagus piniperda Gyll.
5.3. Hylurgops palliatus Gyll.
5.3. Xyleborus dispar F.
XXXIII. Scarabaeidae.
27.1. Oxyomus silvestris Scop.
19.1. Aphodius fimetarius Lin.
27.2. — prodromus Brahm.
19.1. — consputus Creutz.
3.3. Cetonia aurata Lin.

Berichtigung.

In Nr. 8 der Societas entomologica Seite 30 Spalte 1 ist in der Arbeit des Herrn Stauder über Acasis Mariae Stdr. species nova der begleitende Text zu den beiden Figuren weggelassen worden, wodurch der Anschein erweckt wird, es handle sich um zwei Typen Mariae. Es werden daher die Figuren mit Text wiederholt.

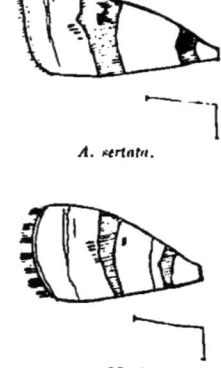

A. sertata.

A. Mariae.

Entomologische Neuigkeiten.

Von der flügellosen Tipulide Chionea valga Harris sind wiederum einige Exemplare am Nordende des Okanagan Tales in British Columbia oberhalb der Schneegrenze von einem Trapper gefangen worden. Sie scheinen die Höhen zwischen 5000' und 6000' zu bewohnen und bewegen sich über den Schnee in

großer Eile und so, als hätten sie ein bestimmtes Ziel vor Augen. Wenn man sich ihnen nähert, so fühlen sie das durch die Vibrationen des Schnees, verursacht durch die Schneeschuhe und stellen sich bewegungslos bis man vorbei ist. Diese Tierchen bevorzugen die Kälte und sind am lebhaftesten während der Monate Januar bis April, solange die Temperatur unter dem Nullgrad sich befindet. Der Trapper hat beobachtet, daß wenn im April die Sonne am Morgen schien und teilweise den Schnee auftaute, nur wenige Chionea zu sehen waren, daß jedoch am Nachmittag wenn das Wetter umgeschlagen und Schneesturm geweht, sie in Scharen, von allen Seiten angekrabbelt kamen. Sie sind sehr empfindlich gegen Wärme und sterben binnen weniger Minuten in der warmen Hand, doch kann man sie, noch rechtzeitig auf den Schnee zurückgelegt, wieder ins Leben rufen. In einer geschlossenen Zündholzschachtel leben sie mehrere Stunden; wenn die warme Hand neben ihnen in den Schnee gelegt wird, trachten sie der von ihr ausgehenden Wärme zu entfliehen. Sie klammern sich fest an und es ist nicht leicht, sie abzuschütteln, sei es von einer Büchse, einem Stock oder Schneeschuh. Ihre Reisen über den Schnee haben offenbar den Zweck, die Geschlechter zu vereinigen. An stürmischen Tagen im April zur Zeit ihrer größten Lebhaftigkeit in beiden Geschlechtern in eine Sammelblüche gebracht, findet nach einigen Momenten die Copula statt. Auch bei dieser Gelegenheit halten sie so fest, daß sie sich selbst in Alkohol gesetzt, nicht trennen.

Das Insektenpulver wird aus den Blumen des Chrysanthemum cinerariaefolium gewonnen, deren Blütenstaub reich an Alkaloiden ist, die Insekten töten. Den besten Ruf genießt der Staub der dalmatinischen Blüten: in der Gegend von Sebenico wächst die Pflanze in Menge auf dem felsigen Terrain. Die Ernte betrug im Jahre 1920 ca. 120 Waggons in ganz Dalmatien; die Transportschwierigkeiten sind jedoch so groß, daß bis zum Spätherbst erst 70 Waggons befördert werden konnten, der Rest mußte liegen bleiben, z. T. am Ort, z. T. in Triest. Der Preis der Blumen betrug 50—60 Kronen das Kilo. Es ist die Ansicht verbreitet, daß in Indien Vertreter des Genus Bombus nicht unter 3000' angetroffen werden. Jetzt hat ein englischer Sammler in Kalkutta zwei Exemplare von Bombus tunicatus gefangen, so daß die Anwesenheit der Gattung in der Ebene während der kühleren Jahreszeit erwiesen ist. Derselbe hatte auch vorher in Sukna, am Fuß des östlichen Himalaya gelegen, einen Bombus fliegen sehen.

Wiederum wird ein Fall bekannt, da frische Milch Larven und Puppen einer Fliegenart enthielt. Sie war noch süß, als sie bemerkt wurden. Am zweiten Tag schlüpften die zu den Phoriden gehörenden Fliegen aus. Dieses rasche Schlüpfen läßt Zweifel daran aufkommen, ob die Eier in die Milch gelegt worden sind oder ob die Larven mit dem Schmutz, der sich in der Flasche fand, hineingeraten waren. Alle verwandelten sich und schlüpften. Der Name der Art ist Aphiochaeta scalaris. Nach Beunetti kann sie Darmerkrankungen verursachen und ihren ganzen Lebenszyclus im Darm vollenden.

Redaktion M. Rühl, Zürich VII. — Verlag des Seitz'schen Werkes (Alfred Kernen), Stuttgart. Druck von H. Laupp jr in Tübingen.

1. November 1921.   No. 11.   36. Jahrgang.

Societas entomologica.

Gegründet 1886 von *Fritz Rühl*, fortgeführt von seinen Erben unter Mitwirkung bedeutender Entomologen und hervorragender Fachleute.

Toute la correspondance scientifiqne et les contributions originales sont à envoyer aux Héritiers de Mr. Fritz Rühl à Zurich VII. Pour tontes les autres communications, payements etc. s'adresser à Verlag des Seitz'-schen Werkes (Alfred Kernen), Stuttgart, Poststr. 7.

Alle wissenschaftlichen Mitteilungen und Originalbeiträge sind an Herrn Fritz Rühl's Erben in Zürich VII zu richten, geschäftliche Mitteilungen, Zahlungen etc. dagegen direkt an den Verlag des Seitz'-schen Werkes (Alfred Kernen), Stuttgart, Poststr. 7.

Any scientific correspondence and original contributions to be addressed to Mr. Fritz Rühl's Heirs in Zürich VII. All other communications, payments etc. to be sent to Verlag des Seitz'schen Werkes (Alfred Kernen), Stuttgart, Poststr. 7.

Die Societas entomologica erscheint monatlich gemeinsam mit dem Anzeigenblatt Insektenbörse. Bezugspreis laut Ankündigung in letzterer. Mitarbeiter erhalten 25 Separata ihrer Beiträge unberechnet.

57.89 Parnassius (4)

Neue Parnassius mnemosyne-Rassen.

Von *H. Fruhstorfer.*

P. mnemosyne batava subspec. nova.

♂♀ habituell sehr groß, der Rasse *litaria* Bryk aus der Umgebung von Wien im ♀-Geschlecht fast gleichkommend und sie im ♂ gelegentlich sogar übertreffend. ♂ naturgemäß sehr nahe den *litaria*-♂♂, aber von reiner weißer Grundfarbe und die ♀♀ durchweg lichter, zeichnungsärmer, also noch prononzierter andromorph als *litaria*-♀♀. ♂♂ von *litaria* sofort zu trennen durch den stets geringer entwickelten transcellularen Costalfleck der Vdflgl. und eine an *athene* gemahnende weiße intranervale Einsprengung zwischen der Radialen bei den ♂♂, die Medianen bei den ♀♀. Glassaum der ♂♂ steiler gestellt, mehr quadratisch als dreieckig wie bei *litaria*, jener der ♀♀ entschieden schmaler. Bei den ♀♀ fällt dann auch noch eine Reduktion der diskalen Schwarzmakeln der Hflgl. im Vergleich mit *litaria*-♀♀ auf.

Patria: Umgebung von Passau, von Mitte bis Ende Mai 1917 und 1918 von Herrn Postoberverwalter P. Frank in Passau, meinem langjährigen entomologischen Freunde, entdeckt. Benennung nach „Castra Batava", dem römischen Namen für das heutige Passau.

Durch das Auffinden der neuen Form im Donautale wird die Erinnerung an einen Fundort wachgerufen, der schon seit der Mitte des 18. Jahrhunderts bekannt aber anscheinend vollständig in Vergessenheit geraten ist, nämlich an Regensburg. Dort wurde die Art von dem durch Carolus Linné berühmt gewordenen Hofrat Schaefer aufgefunden, erwähnt und abgebildet. Die nächsten Fundstellen von *mnemosyne* in Bayern sind außer Regensburg (ob ausgerottet?) das Donautal bei Ulm. Dort kommt die neben P. *mnemosyne hartmanni* ansehnlichste deutsche Rasse (*ariovistus* Fruhst.) vor, deren Verbreitung sich südwärts über den schwäbischen Jura und die Rauhe Alb bis in die Ausläufer des Jura bei Schaffhausen erstreckt. Im bayerischen Hochland taucht die Art dann in völlig verändertem Kleide als *hartmanni* bereits bei Holzkirchen auf, um dann bis Berchtesgaden und zu den Salzburger Alpen zu dominieren. Es ist mir bis jetzt nicht geglückt, einwandfreie Stücke aus dem Allgäu zu empfangen. Drei Exemplare meiner Sammlung

aus dem Allgäu gleichen *hartmanni*, andere wieder der Vorarlberger Rasse *carmenta* Fruhst. Immerhin steht fest, daß Bayern von mindestens drei *mnemosyne*-Rassen bewohnt wird:

P. *mnemosyne ariovistus* Fruhst. Donautal bei Ulm. Ob sie bis Donauwörth und die Anfänge des fränkischen Jura vordringt?

P. *mnemosyne batava* Fruhst. Donautal von Regensburg (Schäfer, Esper 1777, I. 1 p. 47) bis an die österreichische Grenze unterhalb Passau.

P. *mnemosyne hartmanni* Standfuß. Bayerisches Hochland, Südostbayerische Alpen. Salzkammergut. Allgäu?

P. *mnemosyne* subspec. Soll bei Amberg gefunden worden sein (Bryk, briefl. Mitteilung), vielleicht im Ries und im Frankenjura noch zu entdecken.

P. mnemosyne fassellana subspec. nova.

♂♀ eine interessante Zwischenstufe bildend, die von melanotischen mitteldeutschen Exemplaren der hercynischen Gebirge (Schlesien, Harz, Vogelsberg) zu der großen hellen böhmisch-mährisch-ungarischen Formengruppe überleitet. Es ist jedoch eine innigere Verwandtschaft mit *silesianus* Fruhst. als mit *bohemicus* Bryk und Fruhst. deutlich erkenntlich. Habitus kleiner als bei *silesianus*, dadurch der Rasse aus dem Harz genähert, Flügelschnitt mehr gerundet, Glassaum der Vdflgl. kürzer, jedoch über der vorderen Mediana ausgedehnter als bei *silesianus* Fruhst. Schwarzbestäubung der Hflgl. geringer, hin und wieder treten leichte Schuppenanhäufungen außerhalb der Zelle der Hfgl. in Erscheinung. ♀♀ im allgemeinen andromorph. (Anklang an *bohemicus-demaculatus*), wenngleich auch wie bei *silesianus* ganz verschwärzte Stücke vorkommen. Aber die hellen ♀♀ tragen so wenig schwarzgraue Ueberpuderung der Vdflgl. daß sie sich dadurch von den extremsten albinotischen *silesianus* mit ihrer stets luxurianten Bestäubung deutlich unterscheiden. Auf den Hfgl. ist manchmal nur ein schwarzer Transcellularfleck und ein isolierter Subanalfleck vorhanden, gelegentlich aber fließen die beiden zu einer mäßig breiten, breiten und fast scharf abgegrenzten Binde zusammen. *Fasseliana* ist resumptiv gesprochen somit um vieles kleiner als die *schlesische* und die *südböhmische* Rasse, die ♀♀ gravitieren zu einer bei *bohemicus* nie vorhandenen Verdüsterung der Vdflgl., die jedoch nur in ganz seltenen

Fällen den durchschnittlich melanotischen Schlesiern nahekommt.

Die Entdeckung der geographisch so erklärlichen Zwischenstufe von mitteldeutschen *mnemosyne* und den lichteren nordaustro-ungarischen *bohemicus-demaculatus* verdanken wir Herrn A. H. FASSL, dem jetzt berühmtesten und kenntnisreichsten unserer Tropensammler, und ist auch die Benennung zu seinen Ehren erfolgt.

Patria: Erzgebirge, Nordböhmen, Strobnitz bei Ossegg ca. 800 m. 4 ♂♂ 3 ♀♀ Coll. Fruhstorfer. Flugzeit: 5. VI. 1918.

Von benachbarten Gebieten liegen mir vor:

P. mnemosyne bohemicus Bryk und Fruhst. ♀-Zeichnungen androtrop. Zellflecken der Vdfgl. sehr schmal. Htfgl. nur mit unbedeutendem schwarzem Zellfleck. Böhmen, Neuhütten (Coll. Fruhstorfer).

P. mnemosyne nahe *demaculatus* Fruhst. Neutitschein, Ostmähren. Weiße Karpathen, Mähren.

P. mnemosyne subspec. sehr nahe *mesoleucus* Fruhst. Teplitz-Trencsen, Galeoez-Gebirge, parallel und östlich den Weißen Karpathen. Hohe Fatra, West-Beskiden, Kassa (Coll. Fruhstorfer), Przemysl (?) (Rothschild).

P. mnemosyne mesoleucus Fruhst. Tatra.

P. demaculatus Fruhst. 1908. Ungarisches Tiefland, Wallachei, Rumänien.

P. hungaricus Rothsch. 1909. Siebenbürgen (Rothschikl), Herkulesbad (Rebel), Kronstadt (Coll. Fruhstorfer).

01

Ein Märchen.
Von Dr. A. Reuß (Waldshut).

Es war einmal ein Land, das hieß Nomenclatoria. In diesem Lande interessierten sich viele Leute für allerlei Tiere, und um diese genau voneinander unterscheiden zu können, gaben sie jedem Tier nicht nur einen, sondern sogar zwei Namen. Wenn ein Schmetterlingssammler damals einen Schwärmer fing, konnte er ziemlich sicher damit rechnen, daß sein Gattungsname Sphinx heiße. Aber bald zeigten sich die Unvollkommenheiten eines solchen Systems. Die Gattungen erschienen den Gelehrten von Nomenclatoria zu groß, sie wurden geteilt und die geteilten wieder geteilt, und so lange verändert, bis nach Ablauf einiger Jahrzehnte jede zweite Art ihre eigene Gattung hatte. Dann mußten aber auch die Artnamen geändert und neue geschaffen werden, um die vielen neuentdeckten Aberrationen und Variationen zu bezeichnen. Dabei verfuhr einer der Gelehrten in witziger Weise durch Silbenumstellung, indem er zum Beispiel für Abarten von *podalirius* die Namen *lidaporius* und *daporilius* aufstellte. Und alle, die es lasen, staunten über seinen Geist.

Bald genügte auch das nicht mehr, und jedes Tier bekam drei Namen, ja nach etwa weiteren zwanzig Jahren hatte jede Art sechs Namen, wobei der Artname der Stammform fünfmal wiederholt wurde. Unwissende Menschen in Nomenclatoria grinsten blöde dazu und machten törichte Bemerkungen von Raum- und Zeitverschwendung.

Da kam eines Tages ein alter König eines benachbarten Landes zu Besuch, der als Junge auch Schmetterlinge gesammelt hatte und sich auf seine Wissenschaft etwas zugute tat. Als er die staatlichen Sammlungen besichtigte, blieb er vor einem Lindenschwärmer stehen und sagte zu dem ihn führenden Kustos stolz: „Aha, da ist ja auch eine Sphinx *tiliae!*" Der Kustos erschrack zu Tode, faßte sich aber schnell und antwortete: „Es ist durchaus wahrscheinlich, Euer Majestät, daß dieses Stück vor hundert Jahren so genannt wurde. Der Gattungsname hat jedoch im Laufe der Zeit eine immer herrlichere Vollendung durchgemacht und sich über *Smerinthus, Dilina, Minas* und noch etwa zehn Aenderungen heute bis zu *Caudex* entwickelt. Das Stück aber, auf das Eure Majestät hinzuweisen geruhten, ist nicht die Stammform *Caudex tiliae*, sondern, da die Binde der Vorderflügel, wie Eure Majestät bemerken, um ¹/₁₀ mm schmäler als die der staatlich anerkannten Normalform ist, vielmehr *Caudex tiliolus tilioides tiliabundus bundilatius lidabundius* An."

Als der Kustos so gesprochen hatte, verlangte der fremde König zunächst zwei landesübliche Schnäpse. Dann reiste er in sein Land zurück und verordnete dort, daß kein Tier mehr als zwei Namen haben dürfe. Infolgedessen galt sein Reich bei den Gelehrten von Nomenclatoria als jämmerlich rückständig. Aus Nomenclatoria aber wurden in den letzten Jahren auffallend viele Fälle von *Dementia praecox* berichtet. Ob das mit der Ausbildung der Namen etwas zu tun hatte, steht nicht fest.

---

57. 89 Pararge (495)
Pararge aegeria L. saisondimorph.
Von H. Stauder-Wels.

Herr C. F. FRINGS bespricht in dieser Zeitschrift 36. Jahrg., Nr. 7 den Saisondimorphismus dieser Art. Gleich diesem Gewährsmanne war auch ich anläßlich der Behandlung der mediterranen Formen von *aegeria* in meiner „Faunula Illyro-Adriatica" erstaunt, die schönen Saisonformen dieses europäischen Ubiquisten in allen Werken so stiefmütterlich bedacht zu wissen. Der mediterrane Süden zeitigt (mindestens) drei prächtige Bruten, die in allen Sammlungen unter irgendeinem Rassennamen vereinigt stecken und dies meist sehr zu Unrecht. Ich habe es in meiner besagten Faunenarbeit unterlassen, Namen für einzelne Saisonformen aufzustellen, denn dazu gehört — namentlich soweit dies nordmediterranes Material betrifft — Massenmaterial; es ist nicht jedermanns Sache, nach einem zusammengeknufften ♂♀ eine neue Rassen- oder Saisonform zu fabrizieren! Nirgends habe ich den Zyklus *aegeria-egerides-camocna-egestas-intermedia* verworrener gefunden als im illyro-adriatischen Gebiete, während andererseits die transmediterrane echte *aegeria* (aus Algerien), von der ich leider nur April-, Mai- und Junistücke aus Biskra, El Kantara, Algier, Constantine, Bône, Philippeville usw. (selbst gesammelt!) besitze, unvergleichlich standhafter aussieht. Doch kann, insolange nicht auch Hochsommer- und Herbstbrütter zum Vergleiche vorliegen, auch über diese echte *aegeria*, bzw. deren Saisonformen, noch kein abschließendes Urteil gesprochen werden.

Die Oberseiten von Individuen, die zur selben Zeit von einem Flugplatze zusammengetragen werden, sind oft recht variabel; es empfiehlt sich daher — und dies wird leider bei Satyriden hartnäckig selbst von vorgeschrittenen Beobachtern vernachlässigt — den U n t e r s e i t e n ein ganz besonderes Augenmerk zu schenken, namentlich jenen des Hinterflügels; hauptsächlich hier finden wir die herrlichsten und meist auch konstantesten Divergenzen und Differentialmerkmale; Allgemein-Habit, Flügelschnitt, Flügel-Oberseitenfärbung, Bindenanlagen kommen meist erst in weiterer Linie in Betracht. Fast alle paläarktischen Satyridenarten haben sehr zartbesaitete Hinterflügel-Unterseiten; während bei sehr vielen die oberseitigen Merkmale einer Art von Fundorten aus Innerasien, den Alpen, Italien, Spanien u. dgl. charakterfest bleiben oder doch nur verhältnismäßig wenig spielen, sind die Unterseiten (namentlich des Hinterflügels) selbst von engeren Flugplätzen schon recht variabel und vielfach einzig berufen, eine typische Rassenform zu erhärten. Freilich wird es manchmal schwer, sich in dem Variabilitätswuste zurechtzufinden und die k o n s t a n t e n oder doch häufiger wiederkehrenden Abweichungscharakteristika endgültig zu verankern und dermaßen dann den guten Ruf vielfach verlästerter Rassenformen zu verbürgen. In minimis Natura maxime miranda! Ein geübtes Forscherauge wird den zarten Linien, Strichelchen und Farbtönen der Satyriden-Unterseiten manches Geheimnis entreißen, das ihm das schärfste Studium der charakterfesten Oberseite wohl niemals enthüllt hätte!

Ich muß mich hier leider kurz fassen und verweise diesbezüglich auf den bald erscheinenden Satyridenteil meiner umfangreichen Faunenarbeit, von welchem Interessenten manchen Wink erhalten können.

Auch im Formenkreise von P. aegeria ließ ich mich vom trügerischen Oberbilde nicht beeinflussen, sondern hielt mich mehr an die Kehrseite der Medaille.

Alle an der Sache Lust findenden Sammler seien an dieser Stelle gebeten, dieser Art durch einige Jahre hindurch etwas Aufmerksamkeit zu schenken, die einzelnen Generationsindividuen genau zu beobachten und die Resultate dieser Studien der Allgemeinheit zur Verfügung zu stellen.

57:10.9

Liste neuerdings beschriebener und gezogener Parasiten und ihre Wirte. VIII.

P e d i c u l i d a e.

Haematopinus macrocephalus	Equus burchelli
phacochoeri	Phacochoerus aelianus
—	aethiopicus
—	massaicus
—	Potamochoerus africanus
—	chaeropotamus
taurotragi	Taurotragus oryx
Hoplopleura intermedia	Mus coucha
Linognathoides faurei	Geosciurus capensis
Linognathus caviae-capensis	Procavia capensis

Linognathus fahrenholzi	
— stenopsis	
— tibialis	
— var. euchore	
—	
— ungulata	
Polyplax arvieanthus	
— otomydis	
Scipio ahlseodi	
M a l l o p h a g a.	
Acidoproctus bifasciatus	
stenopygus	
Colpocephalum caudatum	
— epiphanes	
harrisoni	
importunum	
—	
— milleri	
— nyctardae	
— semicinctum	
subpachygaster	
Comatomenopon elongatum	
Degeeriella aetophila	
—	
—	
argula	
decipiens	
erythropteri	
fusea	
—	
hoplopteri	
ꞏ hypoleucum	
macrocephala	
—	
melanophrys	
truncata	
umbrina	
— zonaria	
Dendrolagia pygidialis	
Docophorus alatoclypeatus	
—	
albemarlensis	
—	

Cervicapra fulvorufula	
Ovis aries	
Aepyceros melampus	
Raphiceros campestris	
Cephalophus grimmi	
natalensis	
nigrifrons	
Arvicanthis pumilio	
Otomys irroratus	
Thryonomys aulacodus	
Anas erythrorhyncha	
Casarca cana	
Dendrocygna viduata	
Plectropterus gambensis	
Sarkidiornis melanotus	
Thalassornis leuconotus	
Plectropterus gambensis	
Pseudogyps africanus	
Phaeton candidus	
Otis sp.	
Demiegretta jugularis grayi	
Globicera oceanica	
Sterna bergii	
melanauchen	
Demiegretta jugularis grayi	
Corvus scapulatus	
Bubo capensis	
Strix flammea maculata	
Sterna inensis	
Calidris arenaria	
Tringa minuta	
subarquata	
Corvus capensis	
Recurvirostra avocetta	
Melittophagus meridionalis	
Astur tachiro	
Buteo jakal	
Cerchneis naumanni	
rupicola	
Elanus coeruleus	
Haliaetus vocifer	
Micronisus gabar	
Nilaus brubru	
Hoplopterus speciosus	
spinosus	
Caprimulgus europaeus	
Aegialitis marginata	
pecuria	
tricollaris	
Upupa africanus	
Gallinago nigripennis	
Scopus umbretta	
Tringa minuta	
Dendrolagus lumholtzi	
Halcyon chloris teraokai	
pelewensis	
sordidus	
Sterna bergii	
melanauchen	
sinensis	

Docophorus communis
excisus
gonorhynchus
– leontodon var. affinis
semivittatus

Lanius schach
Oriolus indicus
Zosterops simplex
Hirundo daurica striolata
Milvus ater govinda
Acridotheres cristatellus
Charadrius cantianus

(Fortsetzung folgt.)

Entomologische Neuigkeiten.

Es ist eine bekannte Tatsache, daß es sehr schwer ist, in den Tropen die gesammelten Insekten vor dem Verderben zu bewahren. Alfred Moore gibt nun ein einfaches Verfahren zur Präparation und zur Konservierung bekannt, das verdient in weiteren Kreisen beachtet zu werden. Jedes Insekt wird einzeln für sich allein in einen flachen, durchsichtigen, hermetisch verschließbaren Raum eingeschlossen, so daß kein schädlicher Einfluß sich geltend machen kann, das Tier selbst möglichst verhindert wird von seiner natürlichen Feuchtigkeit abzugeben, und so zusammenschrumpft. Die Requisiten sind einfachster Art. 1. Glasscheibchen diverser Größen, je nach der Größe des Insekts, aus gewöhnlichem Fensterglas geschnitten, während ausgediente photographische Platten zu größeren Formen benützt werden können. 2. Eine Substanz, die Thymoplas genannt wird, bestehend aus einer Mischung von fein gepudertem Thymol und dem zum Modellieren verwendeten Glaserkitt, der unter dem Namen Plasticit im Handel ist. 3. Dünnes, weißes, zähes Papier, das auf einer Seite gummiert ist, und in schmale Streifen geschnitten wird. Diese Materialien werden wie folgt verwendet: Das zu konservierende Insekt wird in passender Lage in die Mitte einer Glasscheibe gelegt, daneben ein Stückchen Thymoplas von der Größe einer Bohne, nach größer, je nach der Größe des Insekts, mit einer Glasplatte bedeckt, unter beständigem Druck solange hin- und her gerollt bis die Form einer verlängerten Rolle annimmt, ohngefähr ein und einhalb mal so dick wie das zu montierende Exemplar. Bei dickeren Insekten werden schönere Präparate erzielt, wenn die Masse nicht dicker ist als dieselben, die nötige Tiefe wird durch Quetschen der Rolle in ein breites, flaches Band gewonnen, dessen beide Enden man zwischen Finger und Daumen nimmt; die so gebildete Rundung wird rings um das Insekt gelegt, einen Kreis bildend, der weit genug ist, um völliges Ausstrecken der Glieder zu erlauben. Ueberflüssiges ist zu entfernen und an der Stelle, da die Enden das Glasplättchen berühren, ist mit einem stumpfen Stäbchen eine sichere Verbindung herzustellen, wobei zu beachten ist, daß dieselbe von genau derselben Dicke ist wie der übrige Ring. Dann legt man ein zweites Glasplättchen auf denselben, so exakt, daß dessen vier Seiten genau auf die des unteren passen, preßt zusammen, so daß der Thymoplasring eine flache, gleichmäßige Form einnimmt und durch weiteren sachten Druck man die Masse bis ganz nahe leicht an das Insekt heran, derart, daß dasselbe schön in seiner Lage verharrt. Die entgegengesetzten Enden der beiden Glasplättchen werden

nun fest verbunden, indem man einen Streifen des gummierten Papiers rund um dieselben befestigt, wobei sehr sorgfältig verfahren werden muß; der auszuübende Druck muß stark genug sein, die Glasscheiben in beständigem Kontakt mit dem plattgedrückten Thymoplas zu halten und doch das eingeschlossene Insekt nicht zu berühren. Alle ein Insekt betreffenden Notizen können dann auf der genügend gebenden Oberfläche vermerkt werden. Zur Präparation sehr kleiner Insekten nimmt man am besten die Plättchen, die zu mikroskopischen Schnitten dienen, und legt ein rundes Deckglas auf den Ring von Thymoplas. Der Druck wird auch hier durch ein zweites Glasscheibchen bewirkt, das dann aber entfernt wird. Die Deckschale bleibt in ihrer Lage, etwa ausgetretene Thymoplasmasse wird entfernt, und zur Komplettierung des Präparats wird eine mit allen Angaben versehene Etikette auf das Scheibchen geklebt. Bei ein wenig Uebung erfordert die exakte Herstellung nur einige Minuten. Sie ist in der Tat sehr einfach und das Resultat höchst befriedigend. Die fertigen Präparate gestatten auch die empfindlichsten Insekten ungestraft zu behandeln, jedes einzelne Teilchen zu betrachten, sei es von bloßem Auge, mit der Lupe oder dem Mikroskop und eignet sich besonders zu photographischen Zwecken. Man kann sie ruhig auf dem Arbeitstisch liegen lassen, ohne fürchten zu müssen, daß sie Schaden leiden, weder Schimmel noch schädliche Insekten können ihnen etwas anhaben, die Etiketten werden nicht verlegt und gehen verloren. Zu allem sind sie haltbar und leicht zu verpacken. Die instruktivsten Präparate können auf diese Weise hergestellt werden, z. B. Tiere, die sich in Copula befinden, solche, die Geschlechtsdimorphismus aufweisen, solche, die geflügelt und ungeflügelt sind. Blätter, Zweige, Rindenstückchen, kleine Steine mit auf ihnen abgelegten Eiern. Ein Tier mit seiner Nachkommenschaft wird hier montiert, eine Bienenkönigin mit ihrer Zelle umgeben von ihren Eiern, eine Spinne, die ihren Eiersack trägt. Raupen sind in ihrer natürlichen Umgebung dargestellt, innerhalb ihrer Galle oder aufgerollten Blättern, geöffnete Kokons mit ihrem Inhalt, während die Entwicklungsstadien: Eier, Raupen, Puppen und fertige Insekten bequem im selben Präparat zur Aufstellung gelangen. Mr. Moore hat mit Erfolg einen Akazienzweig montiert, von dem ein kleines Wespennest herabhing, das offene Zellen mit Eiern, Larven diverser Größen, geschlossene Puppenzellen, und ein halbes Dutzend Wespen bei ihren häuslichen Beschäftigungen zeigte, exakt so wie die Tiere in Natur erscheinen. Mimetische Insekten können dargestellt werden, Raubinsekten mit ihrer Beute, nützliche in ihrer Tätigkeit. Auf diese Weise hört das Präparieren auf, eine mechanische Beschäftigung zu sein, sondern wird eine unterhaltende, belebende. Die Methode ist nicht auf Insekten beschränkt, sondern kann auf die verschiedensten Objekte ausgedehnt werden, die der Zufall einem in den Weg führt.

Auf einer columbischen Libelle, Ischnogomphus jessei Williamson sind zwei Mallophagen gefunden worden, eine Gyropus- und eine Trichodectes-Art.

Redaktion M. Rühl, Zürich VII. — Verlag des Seitz'schen Werkes (Alfred Kernen), Stuttgart.
Druck von H. Laupp jr in Tübingen.

1. Dezember 1921.　　　　No. 12.　　　　36. Jahrgang.

Societas entomologica.

Gegründet 1886 von *Fritz Rühl*, fortgeführt von seinen Erben unter Mitwirkung bedeutender Entomologen und hervorragender Fachleute.

Toute la correspondance scientifique et les contributions originales sont à envoyer aux Héritiers de Mr. Fritz Rühl à Zurich VII. Pour toutes les autres communications, payements etc. s'adresser à Verlag des Seitz'-schen Werkes (Alfred Kernen), Stuttgart, Poststr. 7.	Alle wissenschaftlichen Mitteilungen und Originalbeiträge sind an Herrn Fritz Rühl's Erben in Zürich VII zu richten, geschäftliche Mitteilungen, Zahlungen etc. dagegen direkt an den Verlag des Seitz'-schen Werkes (Alfred Kernen), Stuttgart, Poststr. 7.	Any scientific correspondence and original contributions to be addressed to Mr. Fritz Rühl's Heirs in Zürich VII. All other communications, payments etc. to be sent to Verlag des Seitz'schen Werkes (Alfred Kernen), Stuttgart, Poststr. 7.

Die **Societas entomologica** erscheint monatlich gemeinsam mit dem Anzeigenblatt **Insektenbörse**. Bezugspreis laut Ankündigung in letzterer. Mitarbeiter erhalten 25 Separata ihrer Beiträge unberechnet.

57.89 : 11.58

I. Ist die Züchtung von *harmuthi* und *pernoldi* ♀♀ und die Rückkreuzung mit *harmuthi* und *pernoldi* ♂♂ möglich?

(Mit 3 Abbildungen).

Von Prof. *Calmbach*, Heilbronn.

Wie der Züchter, dem es geglückt ist Tagfalter zur Paarung und Eiablage zu bringen, jedes Jahr von neuem von dem Verlangen gepackt wird, solche Versuche zu wiederholen und neue zu machen, so ging es auch mir mit meinen Kreuzungsversuchen. Seit Jahren kreuze ich *elpenor* und *euphorbiae*, oder *euphorbiae* und *galii*, oder *euphorbiae* und *vespertilio* und *elpenor*. Nicht immer mit gutem Erfolg. Namentlich der vorletzte Kreuzungsversuch mit *vespertilio* mißglückte ganz. Die geschlüpften *vespertilio*-Falter verhielten sich sehr träg, was ich mit dem weniger warmen Klima in Zusammenhang bringe; oder aber waren die *vespertilio*-Puppen keine Freilandpuppen. — Mein diesjähriger Versuch der Kreuzung von *elpenor* und *euphorbiae* und umgekehrt (*elpenor*-♀ × *euphorbiae*-♂ = *harmuthi euphorbiae*-♀ × *elpenor*-♂ = *pernoldi*) sollte mir über 2 Fragen Klarheit bringen: 1. ist es möglich, *harmuthi* oder *pernoldi*-♀♀ zu erzielen? und 2. ist die Rückkreuzung von *harmuthi*- oder *pernoldi*-♂♂ mit *elpenor*-♀ oder *euphorbiae*-♀ möglich? Vor Jahren erhielt ich einmal von H. HARMUTH, Wien, die Mitteilung, daß es ihm und den Züchtern in Wien bisher n i c h t gelungen sei, normale *harmuthi*- oder *pernoldi*-♀♀ zu erzielen. Ich selbst habe wenigstens 2 normale *harmuthi*-♀♀ vom 5. 8. 1916 und vom 8. 8. 1916; während allerdings viele andere ♀♀ aus jener Zucht zwar schlüpften, aber — verkrüppelten. Die Erfahrungen von 1916 wollte ich weiter verfolgen und verwerten.

Etwa vom 12.—15. Juni 1920 begannen sowohl *elpenor* wie *euphorbiae*-Falter zu schlüpfen. Das Wetter war sommerlich warm, abends ab und zu gewitterig und so zählte ich z. B. am 19. Juni allein 5 Paare (3 *harmuthi* und 2 *pernoldi*-Paare). Zunächst zeigte sich aufs neue, daß *harmuthi*-Paarungen leichter sind. Auch werden die Eier von *elpenor*-♀♀ leichter und viel zahlreicher abgegeben, als von *euphorbiae*-♀♀. Der Grund liegt wohl darin, daß durch die Begattung das *euphorbiae*-♀ mit *elpenor*-♂ die an sich kleineren *euphorbiae*-Eier zu groß werden im Verhältnis zu der Weite der Legeröhre von *euphorbiae*-♀, so daß also die hybridierten Eier nur mit großer Anstrengung durch die Legeröhre hindurchgepreßt werden und abgesetzt werden können. Dabei beobachtet man oft, wenn nicht gar gewöhnlich, daß ganze Klumpen von Eiern an dem weit herausragenden Ende der Legeröhre von *euphorbiae* hängen, die abgenommen werden müssen.

Am 27. Juni begannen die ersten Räupchen zu schlüpfen. Sowohl *harmuthi*- wie *pernoldi*-Räupchen wurden mit Epilobium (Weidenröschen) gefüttert und wuchsen bei dem heißen Wetter rasch und in großer Zahl heran. Die Farben, besonders unmittelbar nach der Häutung, waren prächtig. Und da REDEL 1910 S. 96 die „Raupen" als unbekannt bezeichnet, versuchte ich f a r b i g e Aufnahmen derselben herstellen zu lassen. Aber verschiedene Anfragen, sowohl bei H. Prof. Dr. SEITZ, Darmstadt, als auch beim Naturalienkabinett in Stuttgart, lauteten abschlägig wegen der derzeitigen hohen Herstellungskosten. So verzichtete ich zwar auf eine farbige Wiedergabe, ließ es mir aber nicht nehmen, eine gewöhnliche photographische Aufnahme herstellen zu lassen. Die erste zeigt 2 verschieden gefärbte *harmuthi*-Raupen, etwa in Zweidrittelgröße, die zweite 2 verschieden gefärbte *pernoldi*-Raupen. Die Bilder wie die Beschreibung der Raupen folgen am Schluß. Mit der A u f z u c h t der R a u p e n ging nun alles bis Mitte Juli vortrefflich. Ich hatte kaum einen Verlust durch behinderte Häutung. Da trat plötzlich anhaltendes Regenwetter ein, das nicht bloß unsern Weinbergen alle nur denkbaren Krankheiten brachte, sondern auch infolge der Bakterien unter den Raupen Durchfall oder Freßunlust erzeugte. Doch gelangte der größte Teil zur Verpuppung. Unter den Raupen fielen mir verschiedene g a n z s c h w a r z e S t ü c k e mit zu ganzen Flächen erweiterten, w e i ß - g e l b l i c h e n F l e k k e n auf. Dieselben verrieten den Zusammenhang mit den weiß-gelblichen Punktreihen der *euphorbiae*-Raupen. Mehr als 1 Dutzend dieser Raupen zog ich besonders auf, um festzustellen, ob etwa sich bei den Flügeln entsprechende Farbenveränderungen zeigten. Das Ergebnis aber war negativ. Höchstens zeigte sich bei späterer Vergleichung bei einigen Faltern (ob von diesen Raupen stammend?) an der Analfleckstelle von *euphorbiae* ein Stück ganz ohne j e d e S c h u p - p e n bildung.

Die F a l t e r schlüpften vom 8. Aug. 1920 ab; täglich oft bis zu 20 Stück. Die Farbenabtönung ging von hellkarmoisinrot bis zu dunkeloliv; z. T. sind die Vorderflügel ganz oliv und in der Zeichnung verwischt; der Besitz solcher Uebergänge dürfte ein S c h m u c k jeder Sammlung sein.

Was nun das G e s c h l e c h t der geschlüpften Falter anlangt, so zeigte sich, daß unter den vielen Faltern nur 1 ♀ sich befand, und zwar 1 *harmuthi*-♀ aus einer prächtigen großen Puppe, das aber leider — weil unbeachtet — die Flügel nicht zur glatten Entwicklung brachte. —

Es mag hier erwähnt werden, daß alle Raupen, welche sich langsamer entwickeln und nur spät zur Verpuppung schreiten, weibliche Raupen sind und besonderer Pflege bedürfen. Diese ♀♀-Raupen waren in diesem Jahre in großer Zahl vertreten, zeigten eine geradezu riesenhafte Größe — ich habe geblasene Raupen von 9—10 cm Länge — und ergaben prächtige gesunde Puppen. Ob ich diese Puppen durch entsprechende Behandlung im Jahr 1921 zur Entwicklung bringen kann, bleibt abzuwarten. Fast möchte es mir scheinen, als ob ♀♀-Puppen, welche im gleichen Jahre in großer Zahl mehr sich zum Falter entwickeln, trotz ihrer scheinbaren Gesundheit auf Grund eines Naturgesetzes nicht mehr zur Entwicklung kommen sollen.

Aus früheren Zuchten hatte ich — wie ähnlich auch H. HARMUTH und seine Freunde in Wien — solche ♀♀-Puppen noch nach 2maliger Ueberwinterung gesund; bis sie dann aber plötzlich vertrockneten. —

Der einzige leider verkrüppelte — ♀-Falter *harmuthi*, der mir dieses Jahr (1920) im September aus einer solch g r o ß e n Puppe schlüpfte, ist seiner Farbe nach so, daß, während die oben genannten kleineren ♀♀ aus 1910 den *elpenor*-Typ zeigen, dieser ausgesprochen den *euphorbiae*-Typ zeigt und auf Flügel und Leib kaum etwas „Rot" aufweist.

Noch 3 k l e i n e B e m e r k u n g e v: 1. Die Angabe, daß *harmuthi* in dem ersten Drittel des Fühlers rote Färbung (wie das *elpenor*-♀) zeige, ist unrichtig. Mit Ausnahme von geringen roten Spuren bei einzelnen Tieren ist nach meinem zahlreichen Material der g a n z e Fühler als h e l l zu bezeichnen.

2. Auf der U n t e r s e i t e des Vorderflügels von *harmuthi* befindet sich nicht bloß eine Haftborste sondern geradezu ein h a k e n a r t i g e r Auswuchs der Costalader von 2—3 mm Länge, um das Vorwärtsgleiten des Hinterflügels aufzuhalten. Ist das A t a v i s m u s oder Neubildung?

3. Bei der Fütterung der Tiere hatte ich einmal ein ganz besonderes Erlebnis. Daß die Tiere, namentlich die in der Gefangenschaft geborenen Tiere, sich in ihrer Behausung bald zurechtfinden und zutraulich werden, erwähnt mit Recht H. Oberlehrer LÖFFLER, Heidenheim. Daß aber ein Falter sich dazu aufschwingt, seinen Rüssel einem in den Mund zu stecken (ich hatte anscheinend vorher etwas Süßes genossen!) und darin von einem Mundwinkel zum andern sich bewegend etwa 5 Minuten zu nippen und zu saugen, dürfte kaum ein Züchter noch erlebt haben. Ja, um

dieses Wunder meiner Frau zu zeigen, begab ich mich vorsichtig von der Bühnenkammer in die Küche des II. Stocks hinab, stellte mich sogar an das offene Fenster, aber der Falter saugte immer noch weiter bis er abflog, um noch einmal wie zu einem kurzen Abschied zurückzukehren und sich dann der goldenen Freiheit für immer zu erfreuen. Dies Erlebnis machte mir mehr Freude als einem Kriegsgewinner eine gelungene Schiebung! —

Nun zur zweiten Frage, der Rückkreuzung!

Durch die Veröffentlichungen des H. EHINGER, Heilbronn (vgl. Entomol. Rundschau 1920 Nr 1 und folgende), ist erwiesen, daß z. B. von *euphorbiae*- und *vespertilio*-Hybriden 3 — und mehrfache Rückkreuzungen möglich sind. Durch rechtzeitige Schlüpfen der neuen *elpenor* und *euphorbiae*-Falter von 1920 (ein Teil der Falter schlüpft gewöhnlich noch im Herbst!) gelang es mir, verschiedene Paarungen (am 6.—10. Aug.) zwischen *harmuthi*-♂♂ und *elpenor*-♀♀ und *euphorbiae*-♀♀ zu erzielen Von der ersten Rückkreuzung erhielt ich über 100 Eier, von der zweiten Art etwa 30. Meine Freude war groß, aber leider — verfrüht. Wohl zeigten die von *elpenor*-♀ gelegten Eier ein prächtiges volles Aussehen von grünlichweißer Farbe, auch die *euphorbiae*-Eier schienen befruchtet; ja die ersteren hielten sich 14 und mehr Tage lang v o l l (was doch sonst ein sicherer Beweis der Befruchtung ist), aber schließlich fielen sie alle ein und vertrockneten und damit auch alle meine hochgespannten Hoffnungen. Eine mikroskopische Untersuchung des Eikerns wurde von mir nicht vorgenommen, weil ich dazu zu wenig Kenntnisse habe.

Figur 1.
harmuthi 21. 7. 1920. Oben heller ¹/₁.
Unten dunkelgrün bis samtschwarz.

Die zur Paarung verwendeten *harmuthi*-♂♂ (etwa 12 Stück!) waren kräftige Tiere. Liegt die Schuld des Versagens an den im Herbst schlüpfenden ♀♀ oder an den Bastard-♂♂? Mir will scheinen, daß wohl eine Paarung mit *harmuthi* und *pernoldi*-♂♂ möglich ist, aber eine embryonale Entwicklung ausgeschlossen ist, da die Arten stammnesgeschichtlich schon zu weit voneinander entfernt sind.

II. Kleid der Raupen von a) harmuthi b) pernoldi.

a) harmuthi: 1. Grundfarbe **d u n k e l g r ü n** bis **b r a u n** (= ♀♀?), mit einer Anzahl deutlicher oder sich verlierender weißlicher Punkte.

R ü c k e n l i n i e: rot, vom Kopf aus bald über den ganzen Rücken laufend, bald nur über einzelne Segmente.

S e i t e n l i n i e (links und rechts): eine Reihe weißlicher, schmutziggelber, sich nach rückwärts vielfach verlierender Punkte.

F u ß l i n i e: gelblich-rötlich, unterbrochen, z. T. nur über die ersten Segmente (Merkmal von *elpenor!*).

S t i g m e n: weißlich-schmutzig-gelb, kaum sichtbar.

K o p f: klein, gelb oder rot, je heller die Punktreihe, desto heller.

F ü ß e: rot.

H o r n: kurz, schwarz, am Grunde oft rötlich.

G e w i c h t: 3—5 gr.

L ä n g e: 8—9 cm.

2. Grundfarbe sammetschwarz (= ♂♂?) mit einer Anzahl fast ganz verloschener, heller Pünktchen.

R ü c k e n l i n i e: meistens ganz verschwunden.

S e i t e n l i n i e: die Punktreihe fast ganz verschwunden.

F u ß l i n i e: bei den ersten Segmenten nur schwach hervortretend; gelblich-rötlich.

S t i g m e n: oft auffallend weiß, prächtig.

K o p f: klein, schwarz.

F ü ß e: rot.

H o r n: schwarz, Spitze: hell-rötlich.

G e w i c h t: 3—5 gr.

L ä n g e: 8—9 cm.

b) pernoldi:

G r u n d f a r b e: dunkelgrün oder gelblich mit einer Unzahl von — namentlich an den Seiten — deutlichen grüngelben Punkten.

R ü c k e n l i n i e: vom Kopf beginnend, rötlich, bald über den ganzen Rücken laufend, so bei helleren, rötlich-gelblichen Raupen, bald nur über die ersten Segmente.

S e i t e n l i n i e (links und rechts): mit einer Reihe grüngelber (bei großen ♀♀?) über die ganze Länge verlaufender (10) Flecken inmitten einer sammetartigen schwarzen Fläche.

F u ß l i n i e: gelblich-rötlich, unterbrochen, zumeist über die ganze Länge verlaufend.

S t i g m e n: weißlich-schmutziggelb.

K o p f: entweder ganz schwarz oder mit einer rötlichen T-Form und anschließender rötlicher Rückenlinie, wie z. T. bei *euphorbiae*.

F ü ß e: rot.

H o r n: kurz, untere Hälfte rot, obere Hälfte schwarz, Spitze zuweilen leicht rot.

G e w i c h t: 3—4 gr.

L ä n g e: 7—9 cm.

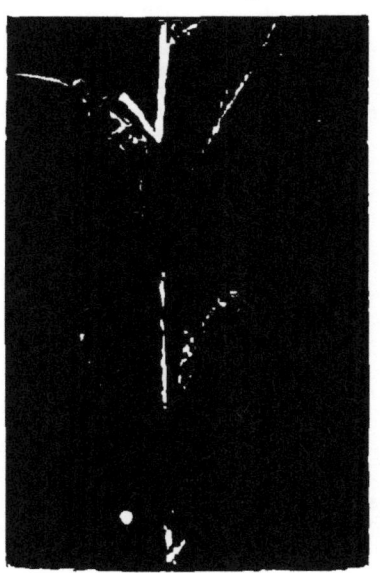

Figur 2.
pernoldi 21. 7. 1920.

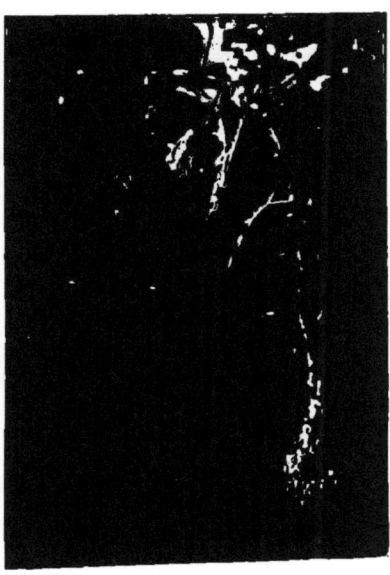

Figur 3.
elpenor-Ei-Gelege 1919 in Gefangenschaft.

57. 62 Ocypus : 15. 3

Ein „Löwenritt im Insektenreiche".

Von Dr. Paul Born, Herzogenbuchsee (Schweiz).

Von einem Spaziergange heimkehrend, gewahrte ich in der Nähe meines Hauses ein sonderbares Wesen in größter Hast über den Weg eilend. Näher tretend, erkannte ich einen großen *Carabus monilis*, auf dessen Rücken ein *Ocypus olens* saß, der seine Mandibeln tief zwischen Thorax und Flügeldecken seines angstvoll davon laufenden Opfers eingegraben hatte. Ohne Zweifel hätte er dasselbe getötet und ausgesogen. Da ich nicht Zeit hatte, den Verlauf dieses Ueberfalles abzuwarten, so befreite ich das arme Opfer von seinem Reiter und warf den letzteren links und das erstere weiter entfernt davon rechts ins hohe Gras.

Daß *Ocypus olens* ein kühner Räuber ist, habe ich schon oft beobachtet, aber daß er sich sogar an ein ansehend viel kräftigeres und wehrhafteres Tier, wie *Carabus monilis* sonst ist, wagen würde, hätte ich nicht geglaubt.

---

57. 82 : 15

Biologisches über einige seltene Micro.

Von F. Aichele, Böblingen.

Tinea lapella erhielt ich im April 1920 in Anzahl aus einem alten Vogelnest, das ich im Lauf des Winters eingetragen hatte. Außer ca. 80 *labella* enthielt das Nest nur noch einen *Micro* der noch der Bestimmung harrt.

Von *Euplocamus anthracinalis* fand ich am 15. V. 21 ein ♀ in einem Buchenwald. Es legte Häufchen von hellen, nahezu farblosen Eiern und bedeckte diese mit gelber Afterwolle (wie *dispar*). Die Eier sind glatt und von elliptischer Form. Sie erwiesen sich unbefruchtet.

---

57 : 16 . 9

Liste neuerdings beschriebener und gezogener Parasiten und ihre Wirte. VIII.

(Fortsetzung.)

Foetenes intermedium	Taphozous cavaticus
— —	— perforatus
— spasmae	Megaderma carinatae
— —	— spasma
Eeomenopon denticulatus	Eos rubiginosa
Esthiopterum ardea	Ardea cinerae
— capitatum	Hagedashia bagedash
— colius	Colius indicus
— columbae	Turtur capicola damarensis
— —	— senegalensis
— —	Vinago delalandi
— forficulatum	Pelecanus anocrotalus
— —	— californicus
— —	— erythrorhynchus
— —	— rufescens
— fuliginosus	Daption capensis
— —	Diomedea exulans
— —	— melanophrys
— —	Majaqueus aequinoctialis
— —	Thalassogeron chlororhyncha

Esthiopterum	gambensis
—	giganticola
—	longicorne
—	squalidus
—	struthionis
—	—
—	—
—	sudanicum
—	—
Goniocotes	carpophagae
—	gigas
—	kurodai
—	minor
—	nigromaculatus
—	—
—	—
Goniodes	aegypticus
—	hilli
—	intermedius
—	numidae
Hesperoctenes longiceps	
Ibidoecus plataleae	
Laemobothrion kelloggi	
Lipeurus baculus	
—	lineatus
—	potens
—	subsetosus
—	variabilis
Machaerilaemus plocci	
Macropophila forcipata	
Menopon africanum	
—	—
—	antennatum
—	brevipalpe
—	bucerotis
—	crateropus
—	culasius
—	francolinus
—	giganteum
—	impar var. poice-
lophocerus	phalus
—	—
—	numidiae
—	pallenscens
—	powelli
—	productum
—	—
—	spinosum

Plectropterus gambensis	
Thalassogeron layardi	
Phalacrocorax lucidus	
Anas erythrorhyncha	
Rhea americana	
Struthio australis	
— camelus	
Turtur capicola damarensis	
— semitorquatus	
— senegalensis	
Globicera oceanica	
Numida coronata	
Turtur chinensis	
Megapodius laperousi	
Francolinus sephaena	
Gallus domesticus	
Numida coronata	
Turtur capicola damarensis	
— senegalensis	
— semitorquatus	
Calophasis mikado	
Numida coronata	
Molossus abrasus	
Platalea alba	
— leucorodia	
Hagedaschia hagedash	
Nycticorax caledonicus	
Megapodius laperousi	
Sula sula	
Phalacrocorax melanoleucus	
Calophasis mikado	
Ploceus sp.	
Macropus coxeni	
Anas erythrorhyncha	
Casarca cana	
Dendrocygna viduata	
Gallinula chloropus	
Phalacrocorax lucidus	
Plectropterus gambensis	
Sarkidiornis melanotus	
Thalassornis leuconotus	
Numida coronata	
Sula sula	
Bycanistes bucinator	
— cristatus	
Crateropus jardinei	
Phoethon candidus	
Francolinus sephaena	
Pternistes swainsoni	
Turtur capicola	
Poicephalus meyeri	
Lophoceros epirhinus	
— erythrorhynchus	
— leucomelas	
Numida coronata	
Arboricola crudigularis	
Francolinus sephaena	
Calophasia mikado	
Pternistes swainsoni	
Lamprocolius phoenicopterus	
Pycnonotus layardi	

(Fortsetzung folgt.)

Redaktion M. Rühl, Zürich VII. — Verlag des Seitz'schen Werkes (Alfred Kernen), Stuttgart. Druck von H. Laupp jr in Tübingen.